法學啟蒙叢書

民法系列——

贈　與

■ 郭欽銘　著

Civil Law

三民書局

國家圖書館出版品預行編目資料

贈與 / 郭欽銘著. －－初版一刷. －－臺北市：三民，
2008
面；　公分. －－(法學啟蒙叢書)
參考書目：面
ISBN 978－957－14－4973－9　　(平裝)
1. 贈與

584.384　　　　　　　　　　　　　　　　　96025337

ⓒ　贈　　與

著 作 人	郭欽銘
責任編輯	容君玉
美術設計	陳健茹
發 行 人	劉振強
著作財產權人	三民書局股份有限公司
發 行 所	三民書局股份有限公司
	地址　臺北市復興北路386號
	電話　(02)25006600
	郵撥帳號　0009998-5
門 市 部	(復北店) 臺北市復興北路386號
	(重南店) 臺北市重慶南路一段61號
出版日期	初版一刷　2008年4月
編 號	S 585710
定 價	新臺幣200元

行政院新聞局登記證局版臺業字第○二○○號

有著作權・不准侵害

ISBN　978-957-14-4973-9　　(平裝)

http://www.sanmin.com.tw　三民網路書店
※本書如有缺頁、破損或裝訂錯誤，請寄回本公司更換。

霍 序

　　法律是人類所創立之行為準則，它的最大目的在於獲得社會大眾普遍之認同，用以解決爭端、平息紛爭，而其最高之理想乃在實現正義，維護倫理。郭君所著《贈與》一書，所探討的主題乃是發生於社會大眾，無論是在家庭中的親屬之間，學校裡的師長與學生之間，各個工作領域的長官與部屬之間，乃至於在生活上，感情上朋友之間的交往中都可能面臨的人與人之間所常見的贈與問題，也正由於它的普及性，所以是一個不容忽略的問題。

　　此書係郭君應三民書局之誠摯邀約，就民法債編各論中有關「贈與」問題所著之專書，所闡述之內容係針對「贈與」之諸般類型作深入淺出的說明，並引用學說及司法實務見解予以論證，可謂是身為現代人在社會遊戲規則中，一本不可不讀的好書。

　　國防大學管理學院法律系助理教授郭欽銘上校，於民國 93 年以優異成績取得國立政治大學法律博士學位，現任國管院專任教職，教授法律研究所及法律系民事法律課程。郭君以其攻讀博士之民事法律專長背景，及過去在部隊承辦輔導訴訟與法律服務之實務經驗，將有關「贈與」之各種題材，透過淺顯易懂的文字及列舉實例之方式，予以翔實之剖析及說明，閱讀此書，不僅能在短時間內熟諳我國財產法制之內涵，並可

籍以充實自我法學知識，對有興趣了解民法贈與之人士而言，實乃良訊。

　　郭君於教學之餘，不忘將所學之心得化為文字，彙整成籍，冀以著作推動法學教育。繼民國94年4月間首著《親屬繼承案例式》一書後，不忘持續精進，以二年許之時間再度發表新著，殊值肯定。本人在拜讀之餘，除予嘉勉外，也期許努力不懈，再獻嘉猷，並盼其第三本法律著作能撰述與政府採購法規有關之參考書籍，以為公務機關及國防採購業務之執行提供法律專業之最大貢獻。在此並樂於為郭君《贈與》一書作序，以為鼓勵。

參 謀 總 長
陸軍一級上將　　霍守業　謹識

民國96年6月

蔡 序

　　國防大學管理學院法律系，係國軍為培養法律專業人員而設立，雖有別於一般民間大學法律系，比較側重公法上之課程講授，然就一個法律人而言，面對參與未來的國家考試及解決官兵生活上之食、衣、住、行、育、樂等之民生爭議問題，是不可不去了解民法上之規範。尤其貴校法律系之公費學生畢業之後，均須依其志願分發至各軍事法院、檢察署或是國防部暨所屬各軍司令部服役，其在業務上，亦必須辦理國家賠償案件、軍人軍眷法律服務及輔導訴訟、軍法教育宣導法律常識等事宜，此等作為乃在期能保障軍人及其眷屬之合法權益，甚至在發生法律紛爭時，必須依法行政，代理部隊訴訟，以維護法紀秩序，伸張正義，故應具備一定程度之民事法律素養。

　　郭君現任國防大學管理學院法律系助理教授，於教學與公務繁忙之餘，仍能用心著述本書，為我國民法債編各論中之「贈與」規定，詳細舉例解說，使一般讀者及法律初學者，能在最短時間內，容易了解贈與之法律關係，故而樂為作序，並嘉勉郭君在爾後歲月裡，能繼續為深耕法制教育而努力。

台灣大學法學院院長　　蔡明誠　謹識

民國 96 年 7 月

林 序

　　民事法律之學術領域發展，在世界潮流上日新月異，學說與實務見解亦因立法機關修正法律，而不斷變更見解，百家爭鳴。然不論學說理論和實務見解如何定義，必須符合社會現狀，否則法律之規定，跳脫人民之情感，勢將流於不切實際，其規範功能亦不免發生爭議，故必須予以修改或廢止。

　　國防大學管理學院法律系助理教授郭欽銘博士，係敝人所指導之碩、博士生，在學期間品學兼優，勤奮努力研究，除於知名法學期刊發表多篇民事法律文獻外，並於民國 93 年以優異成績，取得國立政治大學法學博士學位，誠可謂為不可多得之民事法律專業研究人才。更可欣慰的是，在此次三民書局出版民法一系列專書中之《贈與》，郭博士能在百忙之餘，完成十一萬餘字著作。

　　身為郭君之指導教授，眼見其民國94年2月間，有志投入教學、研究隊伍，於短時間內，完成第二本法學專書著作，本書能在付梓前夕，一睹為快，分享成果之餘，爰樂為之作序，並鼓勵郭君在寫作上自強不息，推陳出新。

政治大學法律系教授　　林秀雄　謹識

民國 96 年 7 月

自 序

本書榮蒙參謀總長陸軍一級上將霍守業將軍、臺灣大學法學院長蔡明誠教授及恩師林秀雄教授，賞賜提序本書嘉勉，深對個人在寫作上之激勵，有莫大助益，在此表達十二萬分之感謝。

民主法治國家通常具有高度發展之經濟與文明，法律規章越成熟，則社會越先進，但法制進步也容易形成法令規章多如牛毛，往往使人艱澀難懂，造成法律與現實生活脫節。我國長期以來，引進歐美法治國家立法例，法學文明日益昌隆，然如何使一般人民或法律初學者，能迅速理解法律規範的內容，是吾人努力的目標。

敝人現專任於國防大學法律學系，主要教授民法科目，在因緣聚會之中，負責撰寫該書局系列叢書《贈與》之論述，個人竭誠所能，在一年六個月的期間內，如期付梓，希能略盡微薄心力，並以淺顯易懂的文字及表達方式，幫助讀者迅速有效掌握民法關於贈與規定的內容與重點。

本書得以順利完成，申忱感謝苗栗地方法院民事庭伍偉華法官以及本院國管班軍法教官吳國彥中校之熱心贊助校對，亦在此感謝上蒼對敝人之厚愛！並謝謝永遠支持我的師長、親戚、朋友與家人。

郭 欽 銘 謹識

天籟雅觀

民國 97 年 3 月

贈與

目次

第一編

贈與的共通原理

第一章

贈與的法律概念

　　贈與原則上是一種無償契約行為，也就是免費把自己所有財產送給別人，別人也同意收受您所贈送財產之契約行為。例如：過年時，您送紅包給您就讀國小三年級之小外甥，小外甥高興地收下您送的紅包；您每月匯款捐贈給某慈善宗教團體，該宗教團體於收到您的匯款後，即回覆寄發收據感謝狀；先生在太太過生日時，贈與三克拉鑽戒，太太在收受該三克拉鑽戒時，即擁抱先生予以熱吻等。

第一節　贈與的意義

　　　A 與 B 是同一座大廈的住戶，該大廈及附近寸土寸金，因為當初建商及管理委員會規劃不當，A 與 B 每天都在搶著停同一個車位，A 因為上班時間很長，幾乎搶不到該車位，不時與B 發生爭吵，A 心想兩個人這樣下去也不是辦法，如果能送 B 一些禮物，B 每個月應該多少會讓他停幾天，所以就買了一盆名貴盆栽送給 B，誰知道 B 收了盆栽，仍然每天停在該車位上，請問：A 是不是可以把盆栽要回來？或要求 B 讓他停幾天？如果 A 在送 B 盆栽的時候，就跟 B 說：「這個盆栽送給你，但是那個車位每個月我要停五天」，A 是不是可以把盆栽要回來？或要求 B 讓他停幾天？

民法上「贈與」的意思，是用法律條文來規定它的意義，民法第 406 條規定：「稱贈與者，謂當事人約定，一方以自己之財產無償給與他方，他方允受之契約」，就是把有價值的東西或財物送給他人，他人也同意接受。「當事人約定」，就是要贈送財產給他人的人（贈與人），與接受他人贈送財產的人（受贈人），對於贈與人把自己的財產送給受贈人這件事情，意思表示要達成一致（意思表示合致），而成立一個「贈與契約」。而「無償」的意思，就是沒有報酬、沒有代價。

然而，人活在世界上，不可能凡事都為了別人，所以贈與一定有它的動機，例如夫妻之間非常恩愛、父母子女之間為了親情、好朋友為了彼此的感情，都會無條件、沒有代價的把財物送給別人。

有時候，贈與是為了更大的好處，例如部屬要巴結長官、業務員要擴展業務，甚至有時候贈與是為了要避免繳交更高的稅金，不一而足。大部分贈與的「動機」，都不會影響到贈與的效力，例如，送禮巴結長官，長官不給面子；送禮給客戶，客戶最後還是不給生意做，總而言之，即使受贈人都沒有回報或報答，贈與還是有效，送的禮物不能要回。但是有時候，「動機」卻會顯現出來，並且影響到贈與的效力，例如：甲贈與乙一臺保時捷轎車，乙同意甲的贈與，並辦理車籍過戶登記後，行駛這部保時捷轎車，可是，甲與乙附有一個「負擔」約定，就是乙必須在甲出國期間，照顧甲的家人，結果甲回國，發現乙根本沒有幫忙照顧家人，甲就可以依照民法第 412 條第 1 項規定：「贈與附有負擔者，如贈與人已為給付而受贈人不履行其負擔時，贈與人得請求受贈人履行其負擔，或撤銷贈與」，把贈與保時捷轎車的贈與契約撤銷掉，然後要求乙返還那部車。因此從上述案例看來，贈與是「無償」的，但是可以附加「負擔」，所以嚴格來講，並不是每一種贈與都是不需要代價的。

解析

A 送給 B 名貴盆栽，心想如果能送 B 一些禮物，B 每個月應該多少會

讓他停幾天，這只是 A 贈與 B 盆栽的「動機」，沒有法律上的效力，A 不可以把盆栽要回來，也不能要求 B 讓他停幾天。但是，如果 A 在送 B 盆栽的時候，就跟 B 說：「這個盆栽送給你，但是那個車位每個月我要停五天」，那麼 A 贈與 B 名貴盆栽的時候，就附加給 B 一個「負擔」，如果 B 收下了盆栽，就表示要讓 A 每個月停五天，B 沒有做到，A 就可以依照民法第 412 條第 1 項的規定把盆栽要回來，或要求 B 讓他每月停五天。到底只是單純而沒有法律效力的「動機」，還是有法律效力的「負擔」，要看贈與的時候有沒有特別把它約定、表示出來。

第二節　贈與的獨特性質

案 例

　　C 送給 D 一棟房子，價值新臺幣（以下同）三百萬元，但是因為 C 買那棟房子的時候，有向銀行貸款二百萬元，因此銀行有設定一個二百二十萬元的最高限額抵押權，C 送給 D 房子時，還欠銀行五十萬元貸款沒有清償，而且 C 贈與 D 房子，有設定一個負擔，就是 D 要把價值二十萬元的米送給某老人院，D 也照做完成無誤。後來 C 沒有繼續繳交銀行貸款，最後還欠銀行五十萬元，銀行要實行抵押權，查封拍賣 C 送給 D 的房子，C 要求 D 負起責任，把剩下的五十萬元貸款全都還清，若他也要負責最多只負責還二十萬元，其餘三十萬元要 D 自己去還。

請問：C 還是 D 講的比較有道理？如果這棟房子是 D 用三百萬元向 C 買的，那麼 D 可以向 C 要求負責的額度，有沒有差別？

　　「贈與」係「無償」之性質，因此許多有關贈與的法律規定與「有償」的規定情形不同。例如：甲贈送一部有問題的車給乙，後來因為車況不良

發生車禍，導致乙受傷，除非甲明知車況有問題，還故意將該輛車送給乙，或保證該輛車沒問題，贈與人甲方須對受贈人乙負賠償義務，否則甲不用對乙負任何責任（民法第411條但書參照），但如果是甲把那輛車賣給乙，有取得對價，那麼甲就要對乙的受傷負責，如賠償醫藥費等等（民法第345、227、193、195條）。因為「贈與」的法律規定，有它的獨特性質，有些贈與的法律關係跟「有償」的法律關係不同；而有些則跟「有償」的法律關係很像，但不完全一樣，所以民法在有償的法律關係（如買賣、僱傭、承攬等）外，還特別另外在第406條至第420條規定贈與的法律關係。

從以上的說明可知，了解贈與跟一般有償的法律關係有何相異之處，是學習「贈與」的關鍵所在。

C把一棟房子送給D，但是附加了一個負擔，D必須把價值二十萬元的米送給老人院。本來，單純沒有負擔的贈與，是免費送給他人東西沒有任何對價，東西如果有缺損或沒有通常的效用（物之瑕疵）、贈與的權利不存在或有他人可以對受贈人主張對於贈與標的有權利（權利瑕疵），贈與人可以不必去負責，因為贈與人免費贈送，又沒有得到什麼對價或好處，已經吃虧了，為什麼還要他吃更多虧？所以民法第411條前段就規定：「贈與之物或權利如有瑕疵，贈與人不負擔保責任」，但是贈與如果有負擔，贈與就不是完全沒有對價或好處，依據平等互惠原則，贈與人至少要在負擔的範圍以內去負責，不論這個負擔，是直接對贈與人有好處，或是對贈與人指定的第三人有好處，所以民法第414條就規定：「附有負擔之贈與，其贈與之物或權利如有瑕疵，贈與人於受贈人負擔之限度內，負與出賣人同一之擔保責任」，什麼是出賣人的擔保責任？就本節的案例而言，民法第349條規定：「出賣人應擔保第三人就買賣之標的物，對於買受人不得主張任何權利」，也就是他人不可以來向受贈人主張權利，不論是所有權或其他權利皆不可主張，不然贈與人就要在受贈人負擔的範圍內去負責，依照民法第

353 條規定：「出賣人不履行第 348 條至第 351 條所定之義務者，買受人得依關於債務不履行之規定，行使其權利」，也就是依照民法第 226 條第 1 項：「因可歸責於債務人之事由，致給付不能者，債權人得請求賠償損害」的債務不履行的規定，贈與人要在受贈人負擔的範圍內去負責賠償。贈與人所要負的責任，要和受贈人負擔一樣，這樣才公平。C 與 D 約定的負擔，只有二十萬元，所以 C 只需要幫 D 還銀行二十萬元就夠了，剩下的三十萬元，D 要自己去還。但是如果 D 是用三百萬元向 C 買這棟房子，除非 C、D 另外有約定，C 就要讓 D 取得價值三百萬元的房屋，沒有抵押權或其他瑕疵，這時剩下的五十萬元，C 就要負責向銀行還清，因為 C 所得到的好處是三百萬元，超過五十萬元的範圍。從此案例，也可知道沒有負擔的贈與、有負擔的贈與以及買賣，中間的差別到底在哪裡。

第三節　贈與的本質

案 例

　　E 法官與 F 律師是大學同學，即使兩人已畢業十幾年，感情仍然深厚，為莫逆之交。E 領固定薪水，養活一家老小，而 F 承辦的案件成長迅速，成為揮金如土的大律師。F 看到 E 的電視機陳舊，就買了一組價值新臺幣五十萬元的超大型電漿電視及音響組合放在 E 的家裡，人就走了。E 顧慮到 F 在他任職的法院轄區有登錄執業，怕引起誤會，所以遲遲沒有答應接受 F 的贈與。請問：F 究竟有沒有把該電視及音響贈送給 E？如果 E 一直沒有向 F 表示要接受，但是使用了一個月都沒有要 F 把它拿回去，F 算不算是把該電視及音響贈送給 E？

第一項　贈與是契約

贈與的本質就是契約，民法第 153 條規定：「當事人互相表示意思一致者，無論其為明示或默示，契約即為成立（第 1 項）。當事人對於必要之點，意思一致，而對於非必要之點，未經表示意思者，推定其契約為成立，關於該非必要之點，當事人意思不一致時，法院應依其事件之性質定之（第 2 項）。既然民法第 406 條規定贈與是「當事人約定，一方以自己之財產無償給與他方，他方允受」的契約，所以送財產給他人的人，和收受他人財產的人，對於贈與的客體，以及贈與財產是無償的這兩個必要之點，意思表示都一致，即成立一個贈與契約。

為什麼給別人好處，還要別人同意呢？因為，不是每個人都願意接受他人的好處，有的人好面子，覺得白拿他人的東西，很沒有尊嚴，所以不會平白無故接受他人的財物，有的人怕欠他人人情，有的人身分特殊，具有特定職務的公務人員身分，怕收了他人的好處之後，觸犯了法律，例如：觸犯貪污治罪條例。所以贈與一定是兩相情願的契約，不能硬塞給別人好處。

接受別人的贈與，不一定要講出來，有時從行為上來看，接受別人的贈與，也一樣可以成立贈與契約。例如：甲贈與乙一塊蛋糕，送到乙面前，乙看到這種情形，一分鐘就把那塊蛋糕給吃了，乙雖然沒有講話，只有吃蛋糕的動作，但是從乙吃蛋糕的行為可以看得出來，乙有接受甲贈與蛋糕的意思，所以乙有與甲成立贈與契約的默示意思表示，從而甲贈與乙蛋糕的贈與契約是成立的。

第二項　贈與是債權契約

贈與契約本質上是債權契約，這個契約訂定後，贈與人有給與贈與財產的義務，而受贈人有向贈與人要求贈與財產的權利，但是，光是有贈與契約，贈與客體還不會變成受贈人所有的，例如：就動產（如：六法全書一本、機車一部）而言，一定要有移轉交付的物權行為，就不動產（如：

土地一筆、房屋一棟）而言，除了移轉交付以外，還要辦理登記，才能使贈與的客體，成為受贈人所有。

第三項　贈與是使財產發生損益的行為

贈與是由贈與人減少財產，直接使受贈人財產增加，因此，如果說贈與是約定由贈與人將財產「移轉交付」給受贈人，還不能完全包括所有贈與的情形，凡是財產在贈與人與受贈人之間，直接產生損益關係的，都是贈與，不僅僅是財產的「移轉交付」而已。物權的移轉、設定、拋棄，準物權（礦業權、漁業權）或無體財產（著作權）的讓與，債權的讓與、承擔、免除，為債務人向第三人清償，股票、公司債、選擇權的讓與等等都是贈與。例如：丙在丁的不動產上設定抵押權，讓丁很難賣出該不動產，如果丙拋棄這個抵押權，並且將其塗銷，使丁較容易賣出，丙也算贈與丁。又例如：戊幫己還清了己欠庚的債務，或是把己欠戊的債務給免除掉（民法第 343 條參照），都算是戊贈與己。

由以上的例子可知，雖然民法第 406 條規定贈與是「給與」財產，但「給與」不見得是財產的移轉交付，如丙塗銷抵押權，並沒有移轉交付給丁什麼，而戊幫己還債，或免除己對自己的債務，也沒有移轉交付給己什麼，但是贈與人及受贈人之間，因為贈與的行為，直接發生財產的損益變動，丙少了抵押權，導致丁的所有權沒有了負擔，戊少了金錢或債權，而導致己的負債減輕或消滅，這些都算是贈與行為。因此，贈與財產的「給與」，應該從財產發生直接損益關係的眼光來看，而不是從財產的移轉交付來看。

贈與，就是贈與人與受贈人，對於贈與人把自己的財產送給受贈人這件事情，意思表示要達成一致，而成立一個「贈與契約」。如果 E 沒有要接受 F 的電視及音響組合的意思，E 和 F 之間就不成立贈與契約，F 就不算

是把電視及音響組合送給 E。但若是 E 表示要接受 F 的贈與，也不見得要講出來，如果 E 把那套電視及音響組合用了一個月，也沒有通知 F 來拿走，或向 F 表示不要，E 就是用行為來默示表示接受 F 的贈與，那麼 E、F 之間就有贈與契約。了解贈與是契約的一種，才能進而判斷雙方之間是不是有贈與關係。而誰和誰之間，是不是有贈與契約，有時無關緊要，但有時卻會成為社會矚目的新聞，甚至刑事案件的判斷有時也須仰賴民事上贈與契約關係是否成立，就以本節的案例來講，如果 E 手上剛好承辦 F 的案件，短短的使用電視音響一個月，贈與契約成立與否就有很大的差別，E 很容易被認為構成貪污治罪條例上的「期約、收受賄賂」，所以了解贈與的本質是契約，非常重要。

第四節　贈與的客體（標的）

案例

　　G 女是知名的演藝人員，和 H 男是好朋友，G 答應要去 H 的家，在家裡只有 G 及 H 的情形下，送給 H 一個香吻，當做是 H 的生日禮物，H 也接受了，請問：G 和 H 之間是不是有贈與契約存在？如果 G 答應要在 H 舉辦的公開慈善晚會上，獻給出價最高的貴賓一個香吻，來幫助 H 籌募慈善基金，H 也接受了，請問：G 和 H 之間是不是有贈與契約存在？

第一項　贈與的客體需為「財產」

　　「客體」的意思，就是可以拿什麼東西送給他人？當然，只要他人願意，而且符合法律的規定，並有財產的價值，什麼都可以送。贈與的客體，可以包括動產及不動產，包括所有權、準物權、定限物權、無體財產權、

債權、有價證券等等。至於「占有」（民法第 940 條至第 966 條規定），則無法成為贈與的客體，因為如果無償給他人占有，就是民法第 464 條：「稱使用借貸者，謂當事人一方以物交付他方，而約定他方於無償使用後返還其物之契約」所規定的使用借貸，並不是贈與。

贈與的東西不見得一定要摸得到、看得見，例如：我發明一種治療癌症的方法，並且申請專利登記在案，它只是一種方法、原理，不是藥，也不是科學儀器，不是實體，我也可以把這個專利權送給他人，送的東西固然可以看不見、摸不到，但是一定要有財產上的價值，否則就跟民法上的贈與無關。例如：太太對先生獻上最深熱吻，或許是無價的，但是沒有財產上的價值，沒有辦法估計是多少錢，所以不是民法上的贈與。

第二項　贈與客體的所有權

民法第 406 條規定，贈與是以「自己的財產」無償給與他人。一個人擁有自己的財產，當然愛怎麼處分就怎麼處分，我想把我的財產送給別人，是我的自由，除非違反法律的規定（詳見本章第五節的敘述），否則有何不可？別人要接受我的財產，又有何不可？但是如果贈與的客體是別人的財產，自己沒有所有權，可不可以？實務上，最高法院 26 年渝上字第 1241 號判例：「民法第 406 條所謂自己之財產，不以現在屬於自己之財產為限，將來可屬自己財產，亦包含在內」，所以贈與契約訂立時，贈與的客體雖然還不是贈與人所有，但只要在約定移轉贈與客體的物權時，贈與客體是贈與人所有，就可以了。

問題是如果到了約定移轉贈與客體的時候，贈與客體還不是贈與人所有，該怎麼辦？例如：甲把乙的車贈與給丙，約定民國 96 年 1 月 1 日交車，可是交車時，車子還不是甲的，仍然還是乙的，怎麼辦？其實，只要甲有辦法，在約定的時間把車子交給丙，不管交車時，車子是甲的還是乙的，無關緊要，甲可以去跟乙協商，由乙直接把車子過戶到丙名下，而且由乙直接交車給丙，也沒有什麼不可，這不會影響甲與丙之間贈與契約的效力，但是如果到了交車時間，甲自己既沒有交車給丙，也沒有想辦法讓乙

交車給丙，那麼丙就可以要求甲履行贈與契約的義務，贈與契約的效力還是不會受到影響（但是甲在交車以前，可以依照民法第 407 條第 1 項的規定撤銷贈與，詳如後述），因為如前面所述，贈與是一種債權契約，只是約定贈與人要把贈與客體交給受贈人而已，至於贈與的客體是不是真正會移轉給受贈人？以及贈與客體移轉交付的物權行為能不能實現？那是另一回事情，不會影響贈與契約的效力，如果贈與契約因為這樣就無效，受贈人就無法要求贈與人移轉交付贈與的客體，當然，贈與人既然答應要把贈與客體送給受贈人，自然要秉持著誠信原則去實現諾言。

民法第 406 條規定要用「自己的財產」贈與別人，只是一種希望，因為拿自己的財產送給別人，比較容易實現贈與契約的內容，就算把別人的財產當做贈與的客體，也不會影響到贈與契約的效力，只是這是贈與契約能不能夠履行、實現的問題。

送的東西固然可以看不見、摸不到，但是一定要有財產上的價值，否則就跟民法上的贈與無關。同樣的贈與標的（例如本節案例中的香吻）如果可以透過社會交易的機能，把它轉換成財產上的價值，就可以成為贈與的標的，如果不能轉換成財產上的價值，就不能成為贈與的標的。G 答應要去 H 的家，在家裡只有 G 及 H 的情形下，送給 H 一個香吻，這沒有財產上的價值，所以不能成為贈與的標的，但是如果 G 答應要在 H 舉辦的公開慈善晚會上，獻給出價最高的貴賓一個香吻，來幫助 H 籌募慈善基金，以 G 的知名度而言，應該會有人出相當的價格競標，這個時候，G 的香吻就有財產上的價值，可以成為贈與的標的，所以 G、H 這時會成立一個在慈善晚會提供香吻的贈與契約，假使 G 不願意履行，H 可以根據這個贈與契約要求 G 來履行。

第五節 贈與的限制

　　I 在某電信公司擔任經理，手上握有一萬名客戶身分基本資料的電腦檔案，包括客戶的地址、電話、電子郵件信箱、傳真號碼等等，而 I 與 J 是高中死黨，畢業後二十年一直有在聯絡，是非常要好的老交情。I 知道 J 在跑業務，需要這些資料來發送廣告，所以就與 J 成立一個贈與契約，在沒有經過客戶同意的情形下，把這個檔案用電子郵件免費傳送給 J，請問：I 與 J 之間是否成立一個贈與契約？

　　贈與是一種契約，也就是一種法律行為。民法第 71 條規定：「法律行為，違反強制或禁止之規定者，無效。但其規定並不以之為無效者，不在此限」，所謂「強制或禁止」規定，就是法律規定一定要有的作為，或一定不可以有的作為。例如：土地法第 17 條第 1 項規定：「左列土地不得移轉、設定負擔或租賃於外國人：一、林地。二、漁地。三、狩獵地。四、鹽地。五、礦地。六、水源地。七、要塞軍備區域及領域邊境之土地」，這些土地和我國的國家利益有很大的關係，如果讓外國人取得，很可能對我國不利，所以這些土地是不能拿來贈與給外國人的，如果贈與契約是以這些土地為客體，根本不能給付給受贈人，依照民法第 246 條第 1 項前段：「以不能之給付為契約標的者，其契約為無效」，亦即贈與契約無效。又例如：毒品危害防制條例第 8 條第 1、2 項規定：「轉讓第一級毒品者，處一年以上七年以下有期徒刑，得併科新臺幣一百萬元以下罰金（第 1 項）。轉讓第二級毒品者，處六月以上五年以下有期徒刑，得併科新臺幣七十萬元以下罰金（第 2 項）」，所以把第一級毒品海洛因，或第二級毒品安非他命贈送給別人，

贈與契約也是無效的，受贈人不可以依據這個贈與契約要求贈與人交付毒品給自己吸用。

民法第 72 條規定：「法律行為，有背於公共秩序或善良風俗者，無效」。也就是說贈與契約，如果違反公共秩序或善良風俗，是無效的。例如：甲把私娼館的經營權贈與乙，這個贈與契約會因違反善良風俗而無效。

贈與是一種契約，也就是一種法律行為。民法第 71 條規定：「法律行為，違反強制或禁止之規定者，無效。但其規定並不以之為無效者，不在此限」。電腦處理個人資料保護法第 3 條規定：「本法用詞定義如左：一、個人資料：指自然人之姓名、出生年月日、身分證統一編號、特徵、指紋、婚姻、家庭、教育、職業、健康、病歷、財務情況、社會活動及其他足資識別該個人之資料。二、個人資料檔案：指基於特定目的儲存於電磁紀錄物或其他類似媒體之個人資料之集合。三、電腦處理：指使用電腦或自動化機器為資料之輸入、儲存、編輯、更正、檢索、刪除、輸出、傳遞或其他處理。四、蒐集：指為建立個人資料檔案而取得個人資料。五、利用：指公務機關或非公務機關將其保有之個人資料檔案為內部使用或提供當事人以外之第三人。六、公務機關：指依法行使公權力之中央或地方機關。七、非公務機關：指前款以外之左列事業、團體或個人：㈠徵信業及以蒐集或電腦處理個人資料為主要業務之團體或個人。㈡醫院、學校、電信業、金融業、證券業、保險業及大眾傳播業。㈢其他經法務部會同中央目的事業主管機關指定之事業、團體或個人。八、當事人：指個人資料之本人。九、特定目的：指由法務部會同中央目的事業主管機關指定者」，同法第 18 條規定：「非公務機關對個人資料之蒐集或電腦處理，非有特定目的，並符合左列情形之一者，不得為之：一、經當事人書面同意者。二、與當事人有契約或類似契約之關係而對當事人權益無侵害之虞者。三、已公開之資料且無害於當事人之重大利益者。四、為學術研究而有必要且無害於當事

人之重大利益者。五、依本法第 3 條第 7 款第 2 目有關之法規及其他法律有特別規定者」，同法第 23 條規定：「非公務機關對個人資料之利用，應於蒐集之特定目的必要範圍內為之。但有左列情形之一者，得為特定目的外之利用：一、為增進公共利益者。二、為免除當事人之生命、身體、自由或財產上之急迫危險者。三、為防止他人權益之重大危害而有必要者。四、當事人書面同意者」，依據同法第 28 條第 1 項規定：「非公務機關違反本法規定，致當事人權益受損害者，應負損害賠償責任。但能證明其無故意或過失者，不在此限」，同法第 33 條規定：「意圖營利違反第 7 條、第 8 條、第 18 條、第 19 條第 1 項、第 2 項、第 23 條之規定或依第 24 條所發布之限制命令，致生損害於他人者，處二年以下有期徒刑、拘役或科或併科新臺幣四萬元以下罰金」，同法第 34 條規定：「意圖為自己或第三人不法之利益或損害他人之利益，而對於個人資料檔案為非法輸出、干擾、變更、刪除或以其他非法方法妨害個人資料檔案之正確，致生損害於他人者，處三年以下有期徒刑、拘役或科新臺幣五萬元以下罰金」。因此，I 把客戶的個人資料電腦處理檔案贈與給 J，而為個人資料之非法輸出，且 J 不是基於電腦處理個人資料保護法第 23 條所規定的各款情形而為的利用，均屬前述應賠償及處罰的行為，從而可知 I 贈與 J 個人資料是違反公共秩序的，依據民法第 72 條規定，I 及 J 之間的贈與契約是無效的。

第六節　贈與的分類

案例

　　K 與 L 約定好，如果 K「百年以後」，要把 K 名下的一棟房子送給 L。請問：這個贈與契約是否成立？是否生效？如果 L 比 K 先死，這個贈與契約還會不會生效？

　　本節先介紹關於贈與的各種分類方法，至於各種贈與的詳細內容，將於本書第二編進一步說明。

第一項　以贈與是否附有負擔區分

　　最高法院 32 年上字第 2575 號判例：「所謂附有負擔之贈與，係指贈與契約附有約款，使受贈人負擔應為一定給付之債務者而言。必其贈與契約附有此項約款，而受贈與人，於贈與人已為給付後不履行其負擔時，贈與人始得依民法第 412 條第 1 項之規定撤銷贈與」。「負擔」，就是受贈人對贈與人也要有一些給付，不管這個負擔是不是跟贈與的標的價值差不多。負擔一定要跟贈與契約一起發生，也就是包括在贈與契約之中。沒有附帶負擔的贈與，是單純的無償契約（沒有報償的契約）、單務契約（只有贈與人單方面有義務的契約），相反的，附有負擔的贈與，是有償契約（贈與人有所報償的契約）、雙務契約（贈與人及受贈人彼此互相對他方負有義務的契約）。贈與是不是附有負擔，就贈與人與受贈人所要負的責任等，在法律上的效果都不同。

第二項　以是否為定期贈與區分

　　一般贈與的贈與人，一次無償給予受贈人，他根據贈與契約所要負的義務，就履行完畢了，但是按一定時間間隔固定的贈與，會持續一段時間，例如贈與人及受贈人約定，每個月一日發薪水的時候，固定要匯給受贈人新臺幣五千元，也就是「定期循環贈與」（定期贈與）。定期贈與，具有繼續性，是基於贈與人相信、信賴受贈人的人格，才會這樣做，如果受贈人過世，贈與人未必也相信受贈人的繼承人，所以這個定期贈與契約會因受贈人死亡而失去效力，除非贈與人特別表示要對受贈人的繼承人繼續定期贈與（民法第 415 條參照）。

第三項　以贈與是否附有附款區分

　　「附款」的意思，就是「條件」、「期限」及「負擔」。附「條件」的贈

與，就是贈與契約會不會產生一部分或全部的效力，或會不會失去一部分或全部的效力，要看客觀上某種不確定的事情到底有沒有發生。例如：如果贈與人的公司今年營業額達到新臺幣一千萬元，就贈與受贈人某廠牌型號電視機一部，而這個贈與契約，會不會產生效力，要看「贈與人的公司今年的營業額達到新臺幣一千萬元」這個「條件」會不會發生，而且這個條件，跟前面所講的負擔一樣，須是贈與契約成立的時候，就同時約定好的，也是贈與契約內容的一部分，包括在贈與人以及受贈人意思表示達成一致的內容裡面。

　　條件又分成「停止條件」以及「解除條件」，停止條件，就是條件發生時，贈與契約才會發生效力，例如前面所講的「贈與人的公司今年的營業額達到新臺幣一千萬元」的條件發生以後，贈與人才要贈與受贈人該電視機，贈與契約這時才生效。「解除條件」就是贈與契約本來是有效的，但是在條件發生時，贈與契約就變成無效的，例如父親送給成年的兒子一部跑車，但是言明如果兒子不用功，大學學分被當掉退學，就收回那輛跑車，所以父親贈與兒子跑車的贈與契約本來有效，但是如果「兒子被當掉退學」這個解除條件成就、發生，贈與契約就失其效力。但是無論是停止條件或解除條件，當事人都可以另外約定法律上的效果。這可以從民法第 99 條看出：「附停止條件之法律行為，於條件成就時，發生效力（第 1 項）。附解除條件之法律行為，於條件成就時，失其效力（第 2 項）。依當事人之特約，使條件成就之效果，不於條件成就之時發生者，依其特約（第 3 項）」。

　　從民法第 102 條第 1、2 項規定可以看出期限的意義：「附始期之法律行為，於期限屆至時，發生效力（第 1 項）。附終期之法律行為，於期限屆滿時，失其效力（第 2 項）」。附「期限」的贈與，就是贈與契約會不會產生一部分或全部的效力，或會不會失去一部分或全部的效力，是要看客觀上某種確定會發生的事情來臨了沒有。期限跟前面所講的負擔及條件一樣，一定是贈與契約成立的時候，就同時約定好的，也是贈與契約內容的一部分，包括在贈與人以及受贈人意思表示達成一致的內容裡面，但是它和條件不同，條件不一定會發生，可是期限一定會發生。「期限」又分成「始期」

及「終期」，附有「始期」的贈與契約，是在期限來臨時，發生效力，例如贈與人與受贈人約定，於民國 100 年 1 月 1 日開始，把某棟房子免費提供給受贈人居住，但是期限還沒到，所以這個贈與契約還沒發生效力。附有「終期」的贈與契約，是期限來臨時，就失去效力，例如贈與人與受贈人約定，從現在開始把某棟房子免費提供給受贈人居住，一直到民國 100 年 1 月 1 日為止，所以期限一到，這個贈與契約就失去效力。

至於附有負擔的贈與，本書於第二編第一章再為詳述。

沒有附帶停止條件或始期的贈與契約，在贈與契約成立時，就發生效力。

第四項　以是否用贈與人死亡為生效要件區分

如果贈與契約，是在贈與人死亡才發生效力，就是「死因贈與」，例如贈與人與受贈人約定好，在贈與人死亡的時候，把名下一棟房子贈送給受贈人，這和一般的贈與有所不同。嚴格來講，死因贈與也是附停止條件的贈與，是以「贈與人死亡而受贈人仍然生存」為停止條件，但是因為在效力上類推適用關於遺贈的規定，並且有歸扣等等的問題，所以是否為死因贈與，是贈與的另一種分類方法。

第五項　以受贈人是否有部分的對待給付區分

如果在訂立贈與契約的時候，就約定好受贈人也要對贈與人有部分的付出、回饋（對待給付），俗稱「半買半送」，就是所謂「混合贈與」，如果受贈人完全都沒有義務要對贈與人付出，才是單純的無償贈與、單務贈與。

在「混合贈與」，受贈人的對待給付，有可能是錢、物品或勞務等等，一般來說，混合贈與仍然適用民法有關贈與的規定，但是關於受贈人對待給付的部分，就類推適用附有負擔的贈與的規定（民法第 412 條至第 414 條）。

解析

　　K 與 L 約定好，如果 K「百年以後」，要把 K 名下的一棟房子送給 L，
這個贈與契約，雖然 K 與 L 的意思表示，已經達成一致而成立，但是在贈
與人死亡才會生效，也就是「死因贈與」。死因贈與是以「贈與人死亡而受
贈人仍然生存」為停止條件的贈與，如果受贈人 L 比贈與人 K 先死，這個
贈與契約縱使成立了，也永遠不會生效。

第二章
贈與的成立及生效

　　A 男與 B 女是非常要好的朋友,民國 96 年 2 月 14 日西洋情人節那天,A 與 B 吃完浪漫的情人節燭光晚餐後,雖然兩個人都沒有喝酒,但是在氣氛非常好的情況之下,B 要求把 A 父親遺留下來給 A,坐落在臺北市某路「帝寶」大廈內的某號某樓豪華房屋贈送給 B,A 也欣然答應,兩個人並約定在民國 96 年 8 月 1 日 A 出國讀書前,要把該棟房屋移轉登記到 B 的名下。後來,A 與 B 為了 B 可不可以跟 A 一起去美國讀書的事情,大吵了一架,A 一氣之下不理 B,自己在 96 年 8 月 1 日坐飛機走了,當 B 在民國 96 年 8 月 2 日要求 A 移轉登記那棟房屋時,A 表示只是嘴巴說說,根本沒有訂下書面的贈與契約,所以不算數,而不願意移轉登記那棟房屋給 B。請問:A 與 B 誰的主張有理? B 去法院起訴,請求 A 移轉登記給 B 那棟房屋,要舉出哪些證據?如果 B 可以舉證證明 A 與 B 之間,有前面所講的口頭贈與契約存在,那麼 B 的起訴是不是有理由?

第一節　法律行為的成立要件與生效要件

第一項　意思表示與法律行為

　　法律行為一定包括意思表示在裡面,使法律行為發生一定私法權利義

務變動的法律效果，而且這個法律效果，是有法律的強制力以及國家公權力當做後盾，所以法律行為與不會發生一定權利義務變動的一般行為，是不同的。意思表示，是表示意思的人，把想要發生一定法律效果的意思表達出來，而一個法律行為，可能只有一個意思表示，例如：遺囑，可能有兩個意思表示，例如：贈與，就是贈與人和受贈人分別有一個意思表示，而且這兩個意思表示達成一致。一個法律行為也可能有很多個意思表示，例如社團法人總會開會，參與的很多會員，每個人都有自己的意思表示，這些平行的意思表示達成一致，就作成決議（民法第 52 條）。

第二項　成立要件與生效要件

第一款　成立要件──當事人、意思表示、標的

由以上的說明可以知道，一個法律行為至少必須具備有：能夠把意思表示表達出來的當事人、意思表示、以及法律行為的標的，也就是法律行為的客體、內容。因此，「當事人」、「意思表示」及「標的」，就成為法律行為的一般成立要件。這是任何一個法律行為最低程度的基本要求，所以叫做「一般」成立要件，欠缺這三個要件中的任何一個，根本無法成立任何的法律行為，有了這三個成立要件，才能進一步討論這個法律行為的效力如何。以買賣契約為例，民法第 345 條規定：「稱買賣者，謂當事人約定一方移轉財產權於他方，他方支付價金之契約（第 1 項）。當事人就標的物及其價金互相同意時，買賣契約即為成立（第 2 項）」，有了出賣人及買受人之「當事人」，而出賣人與買受人，對於標的物及買賣價金「意思表示一致」，而且也有契約的「標的」，也就是「出賣人必須移轉與買受人某標的物」，以及「買受人必須支付出賣人的價金」，買賣契約就成立了。再拿贈與契約來講，民法第 406 條規定：「稱贈與者，謂當事人約定，一方以自己之財產無償給與他方，他方允受之契約」，就是把有價值的東西或財物送給他人，他人也同意接受。「當事人約定」，就是要贈送財產給別人的人（贈與人），與接受別人贈送的人（受贈人），雙方面對於贈與人把自己的某財

產送給受贈人這件事情，意思表示要達成一致（意思表示合致），而成立一個「贈與契約」。所以，贈與契約的一般成立要件，必需要有「贈與人」及「受贈人」、贈與人表達贈與的意思表示、受贈人表達接受贈與的「意思表示」，兩方面意思表示一致，以及贈與契約的「標的」。

　　「當事人」、「意思表示」及「標的」是法律行為的一般成立要件，也就是任何法律行為都不可缺少的要件，而某些特殊的法律行為，它有特殊的成立要件，是其他法律行為所沒有的，稱為「特別成立要件」。例如：原民法第982條第1項規定：「結婚，應有公開儀式及二人以上之證人」，「公開儀式及二人以上證人」，是結婚這種法律行為特有的特別成立要件，而贈與就不需要有公開的儀式或兩人以上的證人，所以「公開儀式及二人以上證人」，是結婚的特別成立要件，不是法律行為的一般成立要件。如果不具備法律所規定的成立要件，依民法第73條規定：「法律行為，不依法定方式者，無效。但法律另有規定者，不在此限」，這裡條文雖然是用「無效」的字眼，但是通說認為是不成立❶。

　　除了法律規定的法律行為特別成立要件以外，當事人也可以自行約定法律行為要有什麼特殊的門檻、特殊的成立要件，例如民法第166條規定：「契約當事人約定其契約須用一定方式者，在該方式未完成前，推定其契約不成立」，就是契約當事人可以自行約定某個契約的特別方式（特別成立要件）。例如：一般的動產贈與契約，法律並沒有規定特別的方式，贈與人與受贈人口頭上對於贈與標的達成共識，就成立贈與契約，但是贈與契約雙方可以約定特別的成立要件，例如：贈與人是政治人物，受贈人是博物館，贈與人想藉贈與名貴古董花瓶給博物館，來為選舉宣傳造勢，所以和博物館約定，一定要有「公開儀式」或是「公開記者會」，贈與契約才能成立，這時「公開儀式」或「公開記者會」就變成當事人自行約定的特別成立要件，如果欠缺，贈與契約就不成立。

---

❶ 王澤鑑，《民法總則》，著者自版，民國86年3月，頁193；孫森焱，《民法債編總論》，著者自版，民國88年10月修訂版，頁66。

第二款　生效要件——權利能力、行為能力

　　法律行為成立之後，如果沒有阻止效力發生的事由，通常會同時發生效力。

　　任何法律行為都必須要有的生效要件，就是「一般生效要件」。由以下關於法律行為一般生效要件的法律規定可以看出，民法大多不會直接規定什麼是法律行為的一般生效要件，而是反過來規定如果法律行為缺少一般生效要件的話，會有怎麼樣的法律效果。茲敘述如下：法律行為的「當事人」，必須要有權利能力及行為能力，如果是沒有行為能力的人，其意思表示會無效（民法第 75 條），法律行為也當然無效，如果是限制行為能力的人，其意思表示，除非是純粹獲得法律上的利益，或是日常生活所必需的法律行為，不然的話，單獨行為無效（民法第 78 條），而契約行為，原則上必須得到他的法定代理人的承認，才能生效（民法第 79 條）。至於法律行為的「標的」，必須合法、妥當、可能、確定。「合法」，就是不可以違反強制或禁止規定（民法第 71 條），例如：不可以把毒品贈與給他人吸用；「妥當」，就是法律行為不可以違背公共秩序及善良風俗（民法第 72 條），例如：不可以買賣私娼館；「可能」，就是不能把不可能給付的標的物，當作是法律行為的標的，例如：贈與契約是贈送給受贈人恐龍一隻，或贈與天上的月亮，這就是以不能給付的東西為標的物，依民法第 246 條的規定，此贈與契約無效；「確定」，就是法律行為的標的，在履行的時候，必須要特定，例如：約定贈送稻米一百公斤，至少在交付或受贈人指定的時候，要能特定到底是要送哪些米（民法第 200 條），否則贈與契約還是不會生效。而法律行為的「意思表示」，必須健全、沒有瑕疵，也就是說，表達意思表示的人，內心的想法跟表達出來的意思，必須要一樣，不能故意有所保留，或表達和內心的意思不一樣的意思（民法第 86 條）、沒有和意思表示的相對人商量好一起做假的法律行為（民法第 87 條）、意思表示的內容沒有錯誤（民法第 88 條）、意思表示沒有被傳達錯誤（民法第 89 條）、意思表示不是在受到詐欺或脅迫的情形下所做的（民法第 92 條），以上這些都可以

看出任何法律行為都要有的「一般生效要件」有哪些。

　　法律行為也有特別生效要件，也就是並不是每一個、每一種法律行為都會有，而是某些法律行為才會有的生效要件，所以才叫「特別」生效要件。例如附有停止條件（民法第 99 條第 1 項）或始期（民法第 102 條第 1 項）的法律行為，必須停止條件成就或期限到來的時候，才發生效力。例如：父親贈與兒子一臺跑車，但是以兒子考上大學為停止條件，或以兒子考上駕駛執照為停止條件，或以兒子滿十八歲達到可以考駕駛執照的年齡為始期。

　　問題是，如果一個法律行為已經成立，但是還沒有生效，也還不能履行，究竟對當事人來講有什麼影響？如果這個法律行為是契約的話，除非法律有特別規定，否則其中一方不可以隨便撤銷他的意思表示或改變契約的內容，例如：甲與乙約定，如果國際油價在今年上漲到每桶一百美元，就把手中某石油公司的股份一百張，以每張新臺幣（以下同）十萬元的價格賣給乙，雖然今年油價還沒有攀升到那麼高，但是甲不可以單方面就把出賣價格提高到每張十二萬元。另外，如果有特別生效要件，因為條件發生、成就，因而會有不利或損失的人，不可以用不正當的方法，阻止條件的發生，否則法律就會當作條件已經發生、成就（民法第 101 條第 1 項）。例如：丙與丁約定，如果丁在民國 95 年推薦甄試考上大學，丙就贈與丁某廠牌、型號跑車一輛，丙後來反悔，又不願行使民法第 408 條的撤銷權，怕得罪丁，所以在丁考試當天，在飲料中下瀉藥，讓丁嚴重拉肚子無法考試，導致原本按實力可以考上大學的丁卻落榜，法律這時就當作是停止條件成就，丙還是有義務要送給丁那輛跑車。

第三款　區分成立要件與生效要件的原因與用處

第一目　成立要件是法律行為的最低基本要求

　　法律行為的成立要件，是一個法律行為的最低基本要求，如果欠缺就沒有法律行為，就無法進一步討論法律行為的效力，因此，主張法律行為

的效果的人，應該要對法律行為的成立要件，負舉證責任，例如：戊女主張己男於某年某月某日在某地和她達成協議，要把己的某顆鑽戒送給她，戊要求己交付那顆鑽戒，就必須證明她和己對於己要送那顆鑽戒給她這件事，意思表示有達成一致，也就是對於「當事人」戊及己，就己送給戊那顆鑽戒的「贈與意思表示合致」，以及贈送那顆鑽戒的契約「標的」，都要由戊來舉證，否則她不可以向己要求交付那顆鑽戒。

另外，從法律行為的成立要件，可以訂出這個法律行為到底是什麼種類、性質。從「當事人」及「意思表示」成立要件可以看出，這個法律行為是不是單方行為、是不是只有單方面的意思表示，例如遺囑的意思表示，就是只有立下遺囑之人的單方面意思表示的單獨法律行為。而從法律行為的「標的」成立要件，可以看出法律行為的種類，例如：標的是免費贈送財產，就是贈與契約，標的是一手交錢一手交貨，就是買賣契約。不論法律行為是不是生效，都是用成立要件來看它的種類及性質。

第二目　永遠不可能生效或暫時無法生效

如果沒有成立要件，就沒有法律行為，永遠不可能發生效力，而沒有生效要件，可能一時不會生效，但是以後可能會生效，例如：庚與辛同居十年，感情向來很好，庚送給辛鑽戒，乃是以辛已經從庚受胎懷孕這件事情為停止條件，也就是以此為特別生效要件，庚與辛訂立贈與契約時，雖然還沒有生效，但是因為贈與契約已經成立了，所以當特別生效要件一發生，也就是辛一旦從庚受胎，贈與契約就發生效力。但是如果庚與辛之間，連贈與契約都沒有成立，那麼即使辛從庚那邊受胎，庚也沒有義務要把那枚鑽戒交給辛。

第三目　舉證責任的不同——特別要件事實、一般要件事實

在發生爭執時，成立要件與生效要件的區別，也會影響到應該由誰負舉證責任。所謂舉證責任，就是在法庭上，依照民事訴訟法第 277 條：「當事人主張有利於己之事實者，就其事實有舉證之責任。但法律別有規定，

或依其情形顯失公平者，不在此限」的規定，原則上當事人必須對於有利於自己的事實，提出證據，讓法官相信他講的是真的，但不論是原告還是被告，應該很少人會講出對自己不利的話，對同樣一個案件事實，原告講對自己有利的部分，被告也講對他有利的部分，究竟要由誰來負舉證責任，便產生疑問。因此，有很多學說便對舉證責任到底要分配給原告還是被告做討論。

目前法院實務上及學說上對於舉證責任的通說，是「法律要件分類說」，也就是依照實體法❷規定，把能夠發生一定法律上效果的法律要件事實，分為特別要件事實及一般要件事實，例如受贈人之原告主張兩造間有贈與契約關係存在，請求給付贈與財產，原告應就兩造間有贈與契約之訂立之事實（贈與財產給付請求權發生之特別要件事實）負舉證責任，至訂立贈與契約時兩造均有行為能力（一般要件事實），則不負舉證責任，被告如主張其訂立贈與契約時，行為能力有欠缺，應由被告負舉證責任，如被告主張訂立贈與契約後，其經濟狀況顯然有變更，如果交付原告贈與財產，將會對被告的生計產生重大的影響，或妨礙被告履行法律規定的扶養義務（民法第 1114 條以下參照），因而被告依民法第 418 條規定，得以拒絕贈與的履行，應由被告對贈與契約法律效果消滅的事由，亦即如果交付原告贈與財產，將會對被告的生計產生重大的影響，或妨礙被告履行扶養義務的事實，負舉證責任，因此主張某個法律效果存在的當事人，就那個法律效果發生所必需的特別要件事實，負舉證責任，而對於一般要件事實的欠缺，則不用負舉證責任。對方如果主張一般要件有欠缺的話，應該要由對方來負舉證責任。另外對於已經發生的法律效果，主張已經變更或消滅的話，也要對法律效果已經變更或消滅的要件事實，負舉證責任❸。最高法院 48 年臺上字第 887 號判例：「主張法律關係存在之當事人，僅須就該法律關係發生所須具備之特別要件，負舉證之責任，至於他造主張有利於己之事實，應由他造舉證證明」，這裡所講的「特別要件」，不只包括特別成立要件及

---

❷　規範實質上權利義務的法律，與規範程序的程序法不同。

❸　陳計男，《民事訴訟法論（上）》，三民書局，民國 88 年 11 月再版，頁 441。

特別生效要件，比特別成立要件及特別生效要件更基本的一般成立要件，應該也要由主張權利的人負舉證責任。

　　以請求權為例進一步說明，「請求權」就是一方當事人可以向另外一方當事人請求作為或不作為的法律上的權利，一個人如果要有請求權，必須要有法律上的依據，此即「請求權基礎」。而請求權基礎，就是所謂「完全性法條」，也就是在一個法律條文裡面，有完整的「構成要件」及「法律效果」，「構成要件」是要達到一定的法律效果，必須要有的必備要件。而「不完全性法條」，是沒有完整的構成要件及法律效果，例如「定義性規定」或「補充性規定」❹。例如：第 102 條第 1、2 項規定：「附始期之法律行為，於期限屆至時，發生效力（第 1 項）。附終期之法律行為，於期限屆滿時，失其效力（第 2 項）」，只是在定義什麼是「始期」及「終期」而已。而民法第 410 條規定：「贈與人僅就其故意或重大過失，對於受贈人負給付不能之責任」，只是在補充規定贈與人在什麼情形下，才要對受贈人負給付不能的責任。而「完全性法條」，例如：民法第 409 條第 1 項前段規定：「贈與人就前條第二項所定之贈與給付遲延時，受贈人得請求交付贈與物」，就有完整的「構成要件」及「法律效果」，受贈人如果要主張「交付贈與物」這樣的法律效果，就必須要證明下列構成要件：㈠贈與契約存在，也就是贈與契約的一般成立要件。㈡贈與契約，是依照民法第 408 條第 2 項規定「經過公證」的贈與或「履行道德上義務」的贈與，「公證」本身即為特別成立要件。㈢給付已經遲延，也就是到了約定的給付時間，卻沒有給付。

　　如果贈與契約有特別生效要件，例如：約定「自民國 95 年 8 月 1 日贈與契約才生效」，即附有「始期」的特別生效要件，受贈人就要證明「始期」的特別生效要件已經經過、發生。所以請求贈與人交付贈與物的受贈人，必須對「交付贈與物」這樣的法律效果，證明贈與契約的一般成立要件、特別成立要件及特別生效要件已成立、生效。贈與人如果拒絕交付贈與物給受贈人，而主張一般生效要件不存在，就要對「一般生效要件不存在」

---

❹　王澤鑑，《法律思維與民法實例》，著者自版，民國 88 年 10 月三刷，頁 68 至 70。

負舉證責任，例如：贈與人證明訂立贈與契約的時候，是在嚴重酒醉的情形下，當時已經沒有意識了，依照民法第 75 條，已經沒有行為能力，所以他的意思表示是無效的，就可以不用交付贈與物給受贈人。

關於特別成立要件及一般生效要件的舉證責任，茲再舉一個例子：將來民法第 166 條之 1 生效後，如果庚贈與辛一棟房子，辛要請求庚移轉交付那棟房子，就必須要對庚贈與辛那棟房子的贈與契約有「經過公證」這個特別成立要件，負舉證責任。如果庚認為贈與契約的一般生效要件有欠缺，不能生效，就要對贈與法律行為欠缺一般生效要件，負舉證責任，例如：庚質疑被辛詐欺騙婚，才答應要送給辛那棟房子，所以庚的意思表示有瑕疵，庚要依照民法第 92 條撤銷被詐欺的贈與房子的意思表示，要由庚負責去舉出證據。

關於特別生效要件的舉證責任，茲再舉一個例子：王與癸同居十年，感情很好，王送給癸鑽戒，乃以癸已經從王受胎懷孕這件事情為停止條件，癸要求王交付鑽戒，就要舉證證明她已經懷孕，而且小孩是王的。

由上面的敘述，可以知道，區分成立要件與生效要件，以及區分一般要件與特別要件，在舉證責任上，是有非常重要的意義。

第二節　不動產贈與是不是有特別要件

關於贈與契約是不是有特別成立要件或特別生效要件，在贈與不動產的情形，特別受到注意。其所牽涉的立法過程及學說上的爭議，非常複雜，影響到民國 89 年 5 月 5 日施行的新法何時才能施行（民法債編施行法第 1 條及第 36 條參照），因此需要詳細解說。

第一項　民國 89 年 5 月 5 日民法修正施行前

第一款　債權契約說

民國 89 年 5 月 5 日修正施行前，民法第 407 條規定：「以非經登記不

得移轉之財產為贈與者，在未為移轉登記前，其贈與不生效力」，參考民法第 758 條規定：「不動產物權，依法律行為而取得、設定、喪失、及變更者，非經登記，不生效力」，所謂「非經登記不得移轉之財產」，就是指不動產，也就是「土地」及「定著物」（民法第 66 條第 1 項）。而所謂「其贈與不生效力」，從文字看來，是指贈與的「債權契約」，因為一般而言，「贈與」兩個字是指「贈與契約」。依照上述解釋，贈與人如果要把不動產送給他人，但卻尚未在地政事務所將不動產辦理移轉登記給受贈人，贈與契約還不生效，贈與人隨時可以反悔，這就是「要物契約」，也是法律賦予無償契約的債務人悔約的權利❺，贈與人如果反悔，不需要依民法第 408 條第 1 項的規定撤銷贈與契約，因為贈與契約根本未生效，所以沒有撤銷的問題，可以省去很多撤銷程序上的麻煩（例如：撤銷的通知萬一寄丟了，沒有通知到受贈人，或受贈人戶籍、居所有遷移，還要去查詢受贈人的新地址，來送達撤銷的意思表示）。依照「債權契約說」，「移轉登記」就成為不動產贈與契約的特別生效要件，沒有這個特別生效要件，贈與的債權契約就不會發生效力。

　　民國 89 年 5 月 5 日民法修正施行前，實務上也是採取「債權契約說」，也認為「移轉登記」是不動產贈與契約的特別生效要件，但是與上述學說不同的是，實務上認為即使沒有這個特別生效要件，贈與的債權契約還是會發生效力：最高法院 41 年臺上字第 175 號判例：「以非經登記不得移轉之財產為贈與者，在未為移轉登記前，其贈與不生效力，固為民法第 407 條所明定。惟當事人間對於無償給與不動產之約定，如已互相表示意思一致，依同法第 153 條第 1 項之規定，其契約即為成立，縱未具備贈與契約特別生效之要件，要難謂其一般契約之效力亦未發生，債務人自應受此契約之拘束，負有移轉登記使生贈與效力之義務」（另外，最高法院 40 年臺上字第 1496 號判例及 44 年臺上字第 1287 號判例也是相同見解，這三個判例因為 89 年 5 月 5 日民法的修正施行，都經過最高法院 90 年度第四次民事庭

---

❺　黃茂榮，〈法律行為與契約之締結〉，《植根雜誌》，第 17 卷第 1 期，民國 90 年 1 月，頁 39。

會議決議刪除），認為即使沒有「特別生效要件」，但因具備「當事人」、「意思表示」及「標的」的贈與契約成立要件，所以仍有「一般契約之效力」，從而贈與契約還是有效。學者對於最高法院這幾號判例提出非常嚴重的批評，認為如此一來，贈與人在移轉登記不動產之前，對於贈與的債權契約就沒有反悔的機會，非得去辦理移轉登記不可，對於不求回報，但因一時情緒衝動、思慮不周，就貿然把貴重的不動產送出去的贈與人，會使他受到法律上的拘束，而受到財產上的不利❻，即使認為贈與不動產也可以適用民法第 408 條的撤銷權，但行使撤銷權也會對贈與人造成不便與麻煩，萬一不懂法律或發生一些狀況，行使撤銷權失敗了，贈與人還是要履行贈與的義務，對於贈與人來說，風險也是很大。

第二款　物權契約說

　　針對 89 年 5 月 5 日修正施行前的民法第 407 條，有學者採取「物權契約說」，因為依民法第 407 條當初的立法理由：「謹按財產之移轉，非經登記不得對抗第三人，贈與之性質亦為財產之移轉，故以不動產為贈與者，必須為移轉之登記，在未為移轉登記前，其贈與不發生移轉之效力。此本條所由設也」。因移轉登記才生效的，是移轉登記不動產的物權契約，而不是贈與的債權契約❼。本來依照民法第 758 條的規定，不動產物權需經移轉登記才會發生物權的變動，所以民法第 407 條只是把民法第 758 條再重新宣示一次而已，沒有特別的意義。

---

❻　王澤鑑，〈不動產贈與契約特別生效要件之補正義務〉，《民法學說與判例研究（一）》，著者自版，民國 75 年 9 月，頁 435。

❼　謝銘洋，〈贈與〉，《民法債編各論（上）》，元照出版，民國 95 年 2 月初版四刷，頁 258。

第二項　民國 89 年 5 月 5 日民法修正施行後

第一款　新法的法律狀態

　　民法第 407 條產生這麼多爭議，所以在民國 89 年 5 月 5 日施行的修正中把它刪除，刪除的理由：「贈與為債權契約，於民法第 153 條規定成立時，即生效力。惟依現行條文規定，以非經登記不得移轉之財產權為贈與者，須經移轉登記始生效力，致不動產物權移轉之生效要件與債權效力之生效要件相同，而使贈與契約之履行與生效混為一事，為免疑義，爰將本條刪除」。有學者認為，刪除民法第 407 條是不對的，因為按照原來民法第 407 條的規定，辦理不動產物權移轉登記之後，贈與的債權契約才會生效，這樣可以更有效地保護贈與人，因為民法第 407 條規定的刪除，贈與債務人必須要依民法第 408 條第 1 項前段規定：「贈與物之權利未移轉前，贈與人得撤銷其贈與」，才能拒絕交付贈與財產，但是仍然必須積極的行使撤銷權，不然的話贈與還是有效，但是如果維持民法第 407 條的規定，而把贈與契約當成是要物契約，則贈與人只要消極不做任何事，就可以不用移轉不動產所有權給受贈人，沒有法律上的義務❽，省去行使民法第 408 條撤銷權的風險及麻煩。但是也有學者認為，刪除民法第 407 條沒有什麼不對，因為「要物契約」的觀念，是羅馬法時代的產物，現在已經不合時宜了，如果要保護贈與人，可以用民法第 408 條撤銷權的規定，也可以規定贈與行為的方式，用比較慎重其事的方式，讓贈與人想清楚了，再送給他人不動產，所以在刪除民法第 407 條的同時，也增訂了民法第 166 條之 1 的規定❾。

　　民法第 166 條之 1 規定：「契約以負擔不動產物權之移轉、設定或變更之義務為標的者，應由公證人作成公證書（第 1 項）。未依前項規定公證之

---

❽　黃茂榮，〈民法債編修正要旨學術研討會〉，《全國律師》，民國 88 年 7 月號，頁 113。

❾　謝銘洋，前揭文，頁 261。

契約，如當事人已合意為不動產物權之移轉、設定或變更而完成登記者，仍為有效（第 2 項）」，立法理由是：「訂立契約約定負擔移轉、設定或變更不動產物權之義務者，不宜輕率，應由公證人作成公證書，以杜事後之爭議，而達成保障私權及預防訴訟之目的，增訂第 1 項。當事人間合意訂立之債權契約，雖未經公證，若當事人間已有變動物權之合意，並已向地政機關完成變動之登記者，則已生效力，自不宜因其債權契約未具第 1 項之公證要件，而否認其效力」，依該條規定不動產的贈與契約，必須要經過公證，乃是要促使贈與人謹慎、小心，三思而後行，而且因為不動產的價值通常比較高，也因此可能會產生比較大的爭議，要求不動產債權契約必須經過公證，可以留下證據，以防將來發生爭議時，有足夠的證據可以解決紛爭，另一方面，如果已經移轉贈與的不動產物權，則要尊重新法律秩序的安定性，認為贈與契約因而有效。依照民法第 166 條之 1，如果不動產的贈與契約，沒有經過公證，就欠缺法律規定的方式，依照民法第 73 條的規定，贈與契約是無效的，但是如果贈與的不動產已經移轉給受贈人，那麼贈與的債權契約還是有效，以免移轉的不動產變成受贈人的不當得利（民法第 179 條）。

即使民法第 407 條，將贈與的債權契約規定為要物契約，在該條刪除以後，贈與契約就屬於諾成契約（意思表示合致就可以成立），只要口頭約定就可以成立。有人或許會說，還好有民法第 166 條之 1 可以讓不動產贈與人三思而後行，然而，要求贈與人要用公證的方式訂立不動產贈與契約，以求審慎的民法第 166 條之 1，雖然制定了，可是到現在還沒有施行，因為民國 89 年 5 月 5 日制定之民法債編施行法第 36 條規定：「民法本施行法自民法債編施行之日施行（第 1 項）。民法債編修正條文及本施行法修正條文自中華民國 89 年 5 月 5 日施行。但民法第 166 條之 1 施行日期，由行政院會同司法院另定之」，立法理由：「新增民法債編第 166 條之 1 將於 89 年 5 月 5 日施行，但公證法修正條文卻於 90 年 4 月 21 日才正式施行，考試院始能對民間公證人進行考試與遴選工作，公證業務必須完全由法院公證處負擔。不動產交易的契約 1 年高達四百萬件，加上設立、變更的數量，

非現有法院公證處的人力所能負擔。徒然實施公證制度，因為公證人不足，造成公證延宕，反而造成民眾的不便或是交易損失，爰增列第 3 項『民法第 166 條之 1 施行日期，由行政院會同司法院另定之』」，意思是說民法第 166 條之 1 第 1 項規定不動產移轉的債權契約，需要經過公證才會生效，但是因為目前公證人人數不足，會造成大家的不便，所以要等到考選民間公證人達到一定人數之後，民法第 166 條之 1 才會生效，而行政院到現在都沒有會同司法院訂定民法第 166 條之 1 的施行日期，所以民法第 166 條之 1 到現在為止還沒生效。

第二款　新法的形成過程與分析

從前面的分析可知，在民國 89 年 5 月 5 日修法後，即使是不動產贈與契約也是「諾成契約」，也就是口頭約定就算數。優點是鼓勵「重然諾」的優良傳統，鼓勵人們一言九鼎、說話算話，缺點是，對不拿回報，但因一時情緒衝動、思慮不周，就貿然把貴重的不動產送出去的贈與人，如果事後反悔，就只能依民法第 408 條第 1 項行使撤銷權，而因此承擔行使撤銷權的風險與不便。

民法債編施行法第 36 條為什麼會規定暫緩施行民法第 166 條之 1 呢？要了解整個立法及討論的過程，才能充分掌握這個法律條文及贈與契約的特質。緣於國立政治大學法律系黃立教授，在民法研究會第十五次學術會議發表〈民法第 166 條之 1 的法律行為形式問題〉一文，認為：一、民法第 166 條之 1 規定不動產的贈與契約，應該由公證人作成公證書，但是公證人不多，以每年不動產買賣移轉登記的數量高達四百萬件，去找公證人公證，會增加許多社會成本。二、如果按照民法第 166 條之 1 第 1 項及民法第 73 條規定，沒有經過公證的買賣契約無效（或不成立），即使買賣雙方已經簽訂了書面的買賣契約，但是沒有經過公證，可以不去履行移轉不動產的義務，若這樣會影響到交易秩序。三、我國不動產交易實務上，一向都是用兩份契約，也就是債權契約（例如：不動產買賣契約，俗稱「私契」）以及物權契約（俗稱「公契」），公契上面記載的不動產價格，是核定

之房屋契價，以及土地的公告現值，並且只拿公契去地政機關辦理登記，稅捐機關也只用公契上面的價格課稅，不會用私契的實際交易價格課稅，地政機關也不會看私契。但是如果依照民法第 166 條之 1 第 2 項規定，私契變成是登記必備的文件，稅捐機關也因此查得到、課得到稅，使出賣人比現狀要多負擔許多增值稅，很難令人接受。四、民法第 166 條之 1 第 2 項草案的立法理由有這樣的文字（正式立法通過後的立法理由則沒有）：「此際，地政機關不得以當事人間之債權契約未依前項規定公證，而拒絕受理登記之申請」，會使民法第 166 條之 1 第 1 項的功能喪失，因為，當事人如果拿沒有經過公證的無效契約去地政機關登記，地政機關也要准予登記，同時補正債權契約沒有經過公證的瑕疵，地政機關是否能承擔如此大的責任？五、民法第 166 條之 1 第 2 項草案的立法理由有這樣的文字：「至對此項申請應如何辦理登記，宜由地政機關本其職權處理」，似乎優柔寡斷的立法者，又不願對「此際，地政機關不得以當事人間之債權契約未依前項規定公證，而拒絕受理登記之申請」這句話負責，期待「地政機關本其職權處理」的時候，能夠對沒有經過公證的債權契約，另行限制，不讓他登記不動產物權，但是中央法規標準法第 5 條第 2 款規定：「關於人民之權利義務者，應以法律定之」，在沒有法律規定的情形下，地政機關不能依職權排除民法第 166 條之 1 第 2 項的適用。會後，應邀參與該次學術研討會的土地專業代理人公會及建築商投資公會代表，乃積極與立法委員協商，於是立法院民主進步黨團提案，將民法債編施行法第 36 條修正如上❿。

　　由民法第 166 條之 1 及民法債編施行法第 36 條的立法過程，可以看出民法第 166 條之 1 之所以還沒有生效，最主要是針對不動產買賣所產生的

---

❿　以上黃立教授的論述及民法債編施行法第 36 條的立法過程，均參見：黃立，《民法債編總論》，元照出版，民國 89 年 9 月二版二刷，頁 39、40；〈民法第 166 條之 1 的法律行為形式問題——民法研究會第 15 次學術會議〉，《法學叢刊》，第 45 卷第 1 期（第 177 期），民國 89 年 1 月，頁 103-124；〈民法第 166 條之 1 的法律行為形式問題〉，《月旦法學雜誌》，第 54 期，民國 88 年 11 月，頁 32-42。

疑慮，還沒有解除，但是因為民法第 166 條之 1 是針對所有種類的契約類型所設置的規定，所以贈與契約也會受到影響，目前民法第 166 條之 1 的規定雖然尚未施行，但民法第 407 條卻已刪除，因此現在要贈與不動產給他人，真的只要贈與人及受贈人口頭約定，不動產贈與契約就可以成立並且立即生效，贈與人就有移轉登記不動產給受贈人的義務，跟民國 89 年 5 月 5 日施行前「一般契約效力」的實務見解相同。

　　民國 89 年 5 月 5 日民法修正施行前，第 407 條規定：「以非經登記不得移轉之財產為贈與者，在未為移轉登記前，其贈與不生效力」，是關於贈與不動產的規定，實務上一方面認為這個條文是規定「債權契約」，但是另一方面卻認為即使沒有「移轉登記」，贈與不動產的債權契約，還是會發生效力，受贈人還是可以向贈與人請求移轉登記贈與的不動產。民法第 407 條刪除以後，雖然增訂了民法第 166 條之 1，規定所有的不動產的債權契約，包括贈與契約在內，在不動產移轉登記之前，都必須要經過公證，使贈與人能夠有機會充分冷靜考慮，是不是要把價值通常比動產來得高的不動產贈與給他人，然而因為民法債編民國 88 年 4 月 21 日修正、民國 89 年 5 月 5 日施行，同時刪除民法第 407 條，也增訂民法債編施行法第 36 條的規定，所以民法第 166 條之 1 到目前為止尚未施行，因此現在要贈與不動產給他人，贈與人與受贈人只要有口頭約定，就可以成立不動產贈與契約，贈與人因此就有移轉登記不動產給受贈人的義務，跟民國 89 年 5 月 5 日修法前「一般契約效力」的實務見解相同。從而 B 講的有理由，法院應該要判 B 勝訴，A 有義務把那棟「帝寶」的房屋移轉登記給 B。

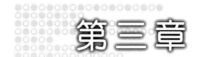

第三章
贈與的效力

民法第 406 條規定：「稱贈與者，謂當事人約定，一方以自己之財產無償給與他方，他方允受之契約」，所以贈與契約成立之後，贈與人就有義務要依照契約，來實現他的諾言，受贈人也有要求贈與人移轉贈與財產的權利，因此，贈與人成為債務人，受贈人成為債權人，贈與契約是發生債權債務的原因之一，受贈人基於債權人的地位，可以依照民法第 199 條第 1 項：「債權人基於債之關係，得向債務人請求給付」的規定，向債務人（贈與人）要求給付贈與財產。

討論贈與的效力，重點不在於贈與人應該要負什麼義務，因為贈與人的義務很單純，就是把贈與財產的權利，依照贈與契約，按時交付給受贈人，重點在於贈與人違反他的「義務」時，要在什麼樣的過失程度之下，他才要去負什麼樣的法律「責任」。在探討贈與人要負怎樣的注意義務，以及違反義務所要負擔的責任範圍有多大時，尤其應該要注意，贈與原則上是「無償」的法律關係，有其獨特的性質，必需了解它跟一般有償的法律關係有何不同與相同之處。

以下分別介紹贈與人違反義務時，需要達到怎樣的過失程度，才要負責，贈與人的歸責事由，是否比一般有償行為還要輕，而即使必須負責，其責任範圍是否比一般有償行為還要小。試舉一案例說明：

A 與 B 是同業，都是在從事倉儲以及貨櫃載運的行業，A 為了報答 B 先前慷慨借錢給 A 周轉資金，讓 A 度過難關，就送給 B 總共二十臺新式堆高機，每臺市價新臺幣（以下同）五十萬

元，約定民國 95 年 12 月 1 日前送到，這個贈與契約並且經過公證。而這些堆高機有專門配置的吊具，市場上除了 A 與 B 還在使用這種吊具外，沒有其他人使用，所以這種堆高機已經沒有在生產，別的地方也找不到。其中十臺堆高機，有按時送給 B，但另外十臺，因為裝載在大型貨運車時，A 沒有把繩索綁緊，有具體輕過失，導致在運送過程中，繩索斷裂，其中五臺當場在高速公路上被後面的來車撞毀，因為市場上已經沒有這種型號的堆高機，別種型號的堆高機也不符合 B 的需求，所以毀損的五臺堆高機，A 再也無法提供，另外五臺雖然還完好，但是要先運回 A 的公司，重新用吊具裝載在大型貨運車上，再運給 B 時，已經晚了一週。B 本來盤算，A 的堆高機送到之後，可以轉賣其中十五臺給零件商 F，因為 F 急著需要十五臺這種堆高機拆解零件外銷，所以就和 F 成立買賣契約，把 A 預定要送到但是還沒有送到的堆高機其中十五臺賣給 F，但是因為其中五臺，A 沒有及時送到，B 只能賣給 F 其中十臺，F 為了趕時間，他需要的另外五臺堆高機，就買其他零件代替，讓 B 只賣出十臺，少賺一百萬元，之後 A 遲延送到的五臺堆高機，B 就拿來自己用，但是因為其中一臺之前遭到雷擊，A 有重大過失沒有檢修就送給 B，造成使用過程中發生電路短路，貨櫃突然砸下來壓傷 B，讓 B 花費十萬元治療，並且在家休息十天，每天少賺三千元。A、B 都知道 A 送給 B 這些堆高機時，A 不是故意不告訴 B 堆高機可能有線路短路的危險，A 也沒有保證這些堆高機都有原本該有的品質、效用及功能。試問：一、B 可以向 A 請求哪些費用？ 二、如果 A 故意不告訴 B 堆高機可能有線路短路的危險，或曾經對 B 保證這些堆高機都有該有的品質、效用及功能，A 要不要賠償 B 花費的十萬元治療費用，以及在家休息十天，每天少賺三千元的損害？如果 B 不幸傷重過世，B 的繼承人，可不可以向 A 請求他所支出的殯葬費用二十萬元？

第一節　贈與的債務不履行責任

第一項　債務不履行的類型

債務不履行的意思，就是債務人沒有盡到他應盡的義務。債務不履行可以分成：給付不能、給付遲延及不完全給付三種類型。

給付不能，是債權債務關係發生後，債務人不能履行他的義務，例如：甲贈與乙一個名貴古董花瓶，但是甲還沒有把古董花瓶交給乙之前，花瓶就被打碎了。

給付遲延，是債務人沒有按照他應該要履行的時間或期限給付，而有遲延耽擱的情形，例如：丙贈與丁卡車，但是丙遲延把卡車交給丁，讓丁晚了幾天出貨，少賺了一些錢。

不完全給付，就是雖然給付了，但是沒有達到債務或契約的目的，例如：戊送給己一隻雞，己也拿到這隻雞，但是這隻雞不但本身有病，沒有辦法下蛋，還把病傳染給己原本的雞，讓己的雞通通病死了。

在不完全給付的情形，民法第 227 條第 1 項規定：「因可歸責於債務人之事由，致為不完全給付者，債權人得依關於給付遲延或給付不能之規定行使其權利」，是適用關於給付不能或給付遲延的規定，也就是說，民法中所提到關於給付不能或給付遲延的規定，其實也可以用於不完全給付的情形。

第二項　過失的種類——抽象輕過失、具體輕過失、重大過失

債務人具有以上給付不能、給付遲延或不完全給付的債務不履行情形，不見得一定要負什麼責任，必須債務不履行，具有可以怪罪於債務人的原因（可歸責於債務人），也就是債務人必需達到一定的過失程度，才需要負損害賠償責任。如果有同樣的過失程度，可能有償行為的債務人要負責，

無償行為的債務人卻不用負責，因為贈與的本質是無償的，所以法律不會要求贈與人和有償行為的債務人（例如買賣行為的出賣人）負一樣的責任，贈與人的責任，往往是有所減輕的。

　　過失的種類究竟分成幾種? 民法第 220 條規定:「債務人就其故意或過失之行為，應負責任（第 1 項）。過失之責任，依事件之特性而有輕重，如其事件非予債務人以利益者，應從輕酌定（第 2 項）」，一般來講，「過失」分成「抽象輕過失」、「具體輕過失」及「重大過失」三種。「抽象輕過失」，就是缺乏「善良管理人的注意義務」，也就是有義務去管理、維護某個工作的人，違背了他的義務，這個義務，可能是法律規定的，也可能是透過契約，例如: 客戶付錢租借銀行的保險箱置放貴重的東西，等於是把東西交給銀行保管，銀行既然收錢幫客戶保管東西，就要負善良管理人的注意義務（民法第 590 條參照），要比處理自己的事情還要更加的注意，不能讓保管的東西被偷走。「具體輕過失」，就是缺乏跟處理自己的事情同樣的注意，也就是未將別人的事當成自己的事處理，例如: 庚、辛二個人是好朋友，一起出國旅遊時，庚跟辛講，我去上洗手間，你先幫我保管一下錢包，辛答應說好，辛既然答應要保管庚寄託給辛的錢包，就要把辛的錢包當成是自己的錢包好好保管，需要跟處理辛自己的事情一樣的注意程度（民法第 590 條參照），但是辛滿不在乎，把庚的錢包接過來後，還左顧右盼看風景，沒有把庚的錢包當做是自己的錢包在保管，結果導致扒手從辛身上把庚的錢包給扒走，辛就有具體輕過失。「重大過失」，就是欠缺「一般普通人都應該有的注意義務」，例如: 壬送給癸一個古董花瓶，贈與契約有經過公證，約定好壬要將花瓶載去給癸，但因為壬是免費將花瓶贈送給癸，沒有受到任何好處，如果花瓶在壬運送給癸的路上摔破了，壬只有在具有重大過失時，才需要負責（民法第 410 條參照），一般人都知道，運送花瓶一定要先用細軟的東西包裝起來，而且要捆綁固定，才不會在行車的過程中震動摔壞，但是壬卻將沒有任何包裝的花瓶，隨便往車子後座扔，且果然在途中緊急煞車時，把花瓶摔壞了，這時壬就有重大過失。至於「故意」，就是明明知道某件事情會發生或可能會發生，卻刻意讓它發生。

由前面的說明可知，故意及過失的嚴重程度，是以故意最為嚴重，其次按照順序是重大過失、具體輕過失及抽象輕過失，所以民法第223條規定：「應與處理自己事務為同一注意者，如有重大過失，仍應負責」，也就是說，如果債務人要對具體輕過失負責，他如果有重大過失（甚至故意），當然就要負責。同樣的道理，如果一個人要負善良管理人的注意義務，他如果有具體輕過失、重大過失或故意，他都要負責。反過來講，一個人如果只需要對他的重大過失負責，就不需要為他的抽象輕過失或具體輕過失的行為負責。

第三項　贈與債務不履行的發生

在一般的贈與（也就是經過公證的贈與及履行道德義務以外的贈與），贈與人通常不用負損害賠償責任，因為在贈與物的權利還沒有移轉給受贈人之前，只要贈與人撤銷贈與契約（民法第408條第1項），贈與契約就回溯到以前，始終無效（民法第114條），贈與人不用負任何債務不履行的責任，也不會發生債務不履行的問題。

但是對於經過公證的贈與，以及履行道德義務的贈與，民法第409條規定：「贈與人就前條第2項所定之贈與給付遲延時，受贈人得請求交付贈與；其因可歸責於自己之事由致給付不能時，受贈人得請求賠償贈與物之價額（第1項）。前項情形，受贈人不得請求遲延利息或其他不履行之損害賠償（第2項）」，意思是說「第408條第2項所定的贈與」，才有追究贈與人給付不能、給付遲延的問題，至於贈與債務的不完全給付，則是要看情形適用關於贈與給付遲延、給付不能的規定，所以也是在「第408條第2項所定的贈與」，才有追究贈與人不完全給付的責任問題。

反面解釋，如果不是第408條第2項所定的「經過公證的贈與」以及「為了履行道德上義務的贈與」，倘若贈與契約已經成立生效，贈與人通常可以依照民法第408條第1項：「贈與物之權利未移轉前，贈與人得撤銷其贈與。其一部已移轉者，得就其未移轉之部分撤銷之」的規定撤銷贈與，就沒有追究贈與人債務不履行的問題。

「第 408 條第 2 項所定的贈與」，是「經過公證的贈與」以及「為了履行道德上義務的贈與」。為什麼經過公證的贈與有債務不履行的問題？因為經過公證的贈與，是贈與人及受贈人，把贈與契約的意思表示內容，記載在特定的文書上，並且經過法院公證人或民間公證人依據公證法完成公證，程序上比較嚴謹，經過公證的贈與契約，贈與人應該已經深思熟慮過了，即使贈與財產的權利還沒有移轉給受贈人，也不能隨便撤銷贈與契約（民法第 408 條第 2 項），所以經過公證的贈與契約，贈與財產的權利在移轉給受贈人之前，贈與財產有給付遲延或給付不能的情形，就會發生債務不履行的責任問題。

為什麼履行道德上的義務也會有債務不履行的問題？這是因為要兼顧一般人的社會道德感情，如果履行道德上義務的贈與債務不履行，會讓人覺得不合乎道德人情，這種情形，即使贈與財產的權利還沒有移轉給受贈人，贈與人也不能隨便撤銷贈與契約（民法第 409 條參照），所以也會有債務不履行的問題，例如：生父贈與非婚生子女生活費，雖然生父還沒有認領這個非婚生子女，在法律上並沒有扶養義務，但這是為了履行道德上的義務，如果生父違反贈與契約而不履行贈與生活費的債務，就有債務不履行責任的問題。

由以上的討論可以知道，贈與契約的債務不履行，主要發生在民法第 408 條第 2 項所規定「經過公證的贈與」以及「為了履行道德上義務的贈與」的情形。以下就針對這兩種贈與契約，贈與人究竟在怎樣的過失程度之下，要負擔什麼範圍的債務不履行責任，分就給付遲延、給付不能及不完全給付三種情形敘述之。

第四項　贈與的給付遲延

第一款　一般有償行為的給付遲延

在一般有償行為，例如買賣行為的出賣人，所要負責的過失程度比較高，因為他受有對價，所以通常需要負善良管理人的注意義務。而一般有

償行為的給付遲延，所需要負責的範圍，依照民法第 231 條第 1 項規定：「債務人遲延者，債權人得請求其賠償因遲延而生之損害」，所謂的「損害」，依照民法第 216 條第 1 項規定：「損害賠償，除法律另有規定或契約另有訂定外，應以填補債權人所受損害及所失利益為限」，例如：丙賣給丁一輛卡車，但是丙遲延把卡車交給丁，讓丁晚了幾個月出貨，導致被客戶罰違約金十萬元，另外也因為市場熱潮過了，產品不再熱門，而少賺了五萬元，依照民法第 231 條第 1 項及第 216 條第 1 項的規定，丙必須賠償丁所受到的損害十萬元，以及所失去的利益五萬元。如果是丙、丁約定好，丙借給丁一百萬元，賺取丁的利息，這個消費借貸契約是有償的，但是丙過了約定的時間，還遲遲沒有把這一百萬元交給丁，依據民法第 233 條第 1 項規定：「遲延之債務，以支付金錢為標的者，債權人得請求依法定利率計算之遲延利息。但約定利率較高者，仍從其約定利率」，丁可以要求丙賠償遲交這一百萬元的利息。以上是在有償行為的情形。

第二款　贈與的給付遲延——須贈與人故意或重大過失始負替補損害賠償

回過頭來看「第 408 條第 2 項所定的贈與」，依照民法第 409 條第 1 項前段的規定，即使贈與人有給付遲延的情形，不管這個遲延是不是可以歸責於贈與人，也不管贈與人對於給付遲延是否有故意還是有重大的過失，即不論贈與人的過失程度，受贈人都可以向贈與人請求原來約定的給付，也就是交付贈與物，但是依照民法第 409 條第 2 項的規定，不可以向贈與人請求「遲延利息」或「不履行的損害賠償」❶，這是因為贈與是無償的

---

❶　這是通說的見解，採取這個見解的主要是：邱聰智，《新訂債法各論》，元照出版，民國 91 年 10 月初版一刷，頁 272、276；林誠二，《民法債編各論（上）》，瑞興書局，民國 92 年 7 月修訂二版，頁 270。但是也有少數說，認為在贈與給付遲延的情形，債務人也就是贈與人不是在任何情形下都要負責交付贈與物，而是要類推適用民法第 410 條，對於給付遲延有故意或重大過失時，才要負給付遲延的責任，採取這個說法的是：詹森林，〈贈與之給付不能〉，《月旦

緣故，所以贈與人所要負的責任範圍比較小。例如：庚贈送給辛一百萬元，贈與契約經過公證，但庚實際上把一百萬元交給辛的時候，比約定的時間晚了一週，辛不可以向庚請求一百萬元晚交一週的利息，又因為庚晚交一週，造成辛周轉不靈，無法即時購買材料進行施工，被罰違約金十萬元，另外也少賺了五萬元，那麼這十萬元的違約金（所受損害），以及少賺五萬元的所失利益，也不可以要求庚賠償，辛頂多只能依民法第 409 條第 1 項的規定，要求庚趕快交付這一百萬元。

　　至於贈與人給付遲延時，有沒有「替補損害賠償」的問題？所謂「替補損害賠償」，就是依民法第 232 條：「遲延後之給付，於債權人無利益者，債權人得拒絕其給付，並得請求賠償因不履行而生之損害」，也就是債務人的給付，如果遲延了，即使後來再給付，對債權人也沒有益處，這時債權人就可以向債務人請求損害賠償，這個條文適用在一般的有償行為，並沒有問題，例如：甲為了要舉辦社區運動會，所以向乙購買價值一萬元的一千顆氣球，作為開幕典禮的道具，來增加熱鬧的氣氛，並約定在開幕典禮之前，乙就要送到會場，但是因為乙製作氣球失誤而有重大過失，導致晚了兩天才送到，這時運動會早已結束，乙送過來，對甲也沒有益處，因為平常的居家生活，不需要用到這麼多氣球，這時，乙表面上雖是給付遲延，但事實上跟沒有給付的給付不能沒有差別，因此甲可以依照民法第 232 條的規定，拒絕收受這遲到的一千顆氣球，並且要求乙賠償一萬元，作為「替

法學雜誌》，第 55 期，民國 88 年 11 月，頁 4。本書贊同通說，原因在於，經過公證的贈與，或是為了履行道德義務的贈與，贈與人尤其應該要遵守承諾，既然答應要把贈與物交付給受贈人，如果贈與物還在，而不是給付不能的情形，不管是按時交或晚交，都要想辦法做到，如果按照少數說的見解，如果贈與人有具體輕過失或抽象輕過失，導致遲延把贈與物交付給受贈人，贈與人居然就可以因此不用依照民法第 409 條第 1 項前段的規定把贈與物交付給受贈人，這時，贈與人竟然可以從自己的過失中圖利，那麼經過公證的贈與，或是為了履行道德義務的贈與，贈與人正常按時給付，就會失去贈與物的權利，然而贈與人只要不注意造成給付遲延，非但不用比正常按時給付負更大的責任，反而可以免除自己交付贈與物給受贈人的義務，因此通說比較合理。

補損害賠償」。也就是說，原來的氣球，甲不要了，要求乙拿錢來替補。這樣的替補損害賠償，如果是在無償贈與的情形，是不是也有適用？例如：前面甲向乙買氣球的例子，如果今天甲不是向乙買的，而是乙送給甲一千顆氣球，贈與契約並且經過公證，其他狀況都一樣，那麼甲可不可以依照民法第 232 條的規定，拒絕收受這遲交的一千顆氣球，並且要求乙賠償一萬元，作為「替補損害賠償」？

　　或許有人會說，無償契約的贈與，其債務人也就是贈與人比較需要保護，畢竟贈與人沒有收到對價，而且民法第 409 條第 2 項的規定，即使贈與人有給付遲延的情形，受贈人都不可以向贈與人請求「不履行的損害賠償」，「不履行的損害賠償」並沒有把「替補損害賠償」排除，所以受贈人不可以向贈與人請求「替補損害賠償」。然而，從上述氣球的例子可知，會發生「替補損害賠償」，只有在給付遲延幾乎已經變成給付不能的狀況，因為給付已經對債權人沒有實際上的益處，跟給付不能沒有兩樣，而在給付不能的情形，受贈人可以依照第 409 條第 1 項後段規定：「其（贈與人）因可歸責於自己之事由致給付不能時，受贈人得請求賠償贈與物之價額」，其實請求賠償贈與物的價額，就相當於「替補損害賠償」，所以當贈與人給付遲延已經轉變成給付不能，在同樣的利益狀態之下，法律應該要給予與給付不能相同的處理及評價，因而受贈人也可以向贈與人請求「替補損害賠償」，所以乙把氣球送給甲，即使乙沒有受到甲的任何好處，但是人言為信，乙之後遲交的氣球既然沒有任何意義了，就要送給甲等值的金錢，作為「替補損害賠償」，才算遵守信用及承諾。惟須特別注意的是，贈與人在通常給付遲延的情形，不論贈與人過失到什麼程度，或給付遲延是不是可歸責於贈與人，受贈人都可以依照民法第 409 條第 1 項前段「贈與人就前條第 2 項所定之贈與給付遲延時，受贈人得請求交付贈與物」的規定，要求贈與人交付贈與財產，但是如果贈與人遲延給付，已經對受贈人沒有用處時，給付遲延就轉化成給付不能，依照民法第 409 條第 1 項後段：「其（贈與人）因可歸責於自己之事由致給付不能時，受贈人得請求賠償贈與物之價額」，受贈人如果要向贈與人請求民法第 232 條的替補損害賠償，就必需要「可

歸責於」贈與人，所以這時就要看贈與人的過失程度如何，是否已屬「可歸責」的程度，依據民法第 410 條規定：「贈與人僅就其故意或重大過失，對於受贈人負給付不能之責任」，因此贈與人需要達到「重大過失」或「故意」的程度，受贈人才可以向贈與人請求替補損害賠償，如果債務人（在贈與是贈與人，在買賣是出賣人）只有具體輕過失或抽象輕過失，則買受人可以向出賣人請求替補損害賠償，但是受贈人則不可以向贈與人請求替補損害賠償。

　　所以「替補損害賠償」，不但在有償契約有它的適用，在無償契約的贈與，也有適用，但是債務人要負的注意義務，並不相同，可知無償契約的贈與，因為贈與人原則上沒有從受贈人那裡獲得代價，所以法律在很多地方減輕了贈與人的責任，這也印證了本章前面所講的，了解無償契約的贈與，與買賣等一般有償契約的異同以及其中的原因，相當重要。

第五項　贈與的給付不能

第一款　贈與人給付不能責任所需的過失程度

　　如前所述，依照民法第 220 條的規定，債務人要對他的故意及過失負責，一般有償行為的過失，是指「抽象輕過失」，即沒有盡到善良管理人的注意義務，也就是有職責、義務要去注意的人，卻沒有注意到的過失，就要負債務不履行的責任，所以，比「抽象輕過失」程度還要重的具體輕過失、重大過失及故意，當然都要負債務不履行的責任，這是在一般有償行為的情形，然而因為贈與是無償的，債務人也就是贈與人的注意義務要減輕，所以民法第 410 條規定：「贈與人僅就其故意或重大過失，對於受贈人負給付不能之責任」，只有在贈與人有「故意」或「重大過失」的時候，才要負給付不能的責任，如果贈與人只是「具體輕過失」或「抽象輕過失」，就不用對他的「給付不能」負責。贈與人就民法第 226 條第 1 項：「因可歸責於債務人之事由，致給付不能者，債權人得請求賠償損害」的規定而言，他的「具體輕過失」或「抽象輕過失」不是「可歸責的事由」，在這些情形

之下，受贈人不可以向贈與人請求損害賠償，必須要在贈與人有「故意」或「重大過失」的時候，受贈人才可以依據民法第 226 條第 1 項的規定，向贈與人請求損害賠償，所以民法第 410 條是民法第 220 條的特別規定，降低了贈與人的責任標準，應該要優先適用。

第二款　贈與人給付不能責任的賠償範圍

如果贈與人有故意或重大過失，而成為可歸責的時候，就要對受贈人負擔給付不能的責任，這個責任範圍有多大？依照民法第 409 條規定：「贈與人就前條第 2 項所定之贈與給付遲延時，受贈人得請求交付贈與物；其因可歸責於自己之事由致給付不能時，受贈人得請求賠償贈與物之價額（第 1 項）。前項情形，受贈人不得請求遲延利息或其他不履行之損害賠償（第 2 項）」，因此受贈人可以請求贈與人賠償贈與物的價額，但是不可以向贈與人請求「遲延利息」或「損害賠償」，這是因為贈與是無償的緣故，所以贈與人要負的責任，比有償行為的債務人，如物的出賣人的責任還要小。例如：王贈與癸一輛卡車，價值一百萬元，贈與契約經過公證，但是王還沒有把卡車交給癸之前，卡車就因為王酒後駕車的重大過失，衝破跨海大橋欄杆沈到大海，不但全毀，也無法撈起，因為王沒有把那輛卡車交給癸使用，造成癸沒有把貨物運給客戶，不但沒有辦法收到貨款，也被客戶罰違約金十萬元，但是癸貨款的損失，以及十萬元違約金的損害，癸都不可以要求王賠償，只能要求王給付那輛卡車的價額一百萬元。

第六項　贈與的不完全給付

關於不完全給付，民法第 227 條第 1 項規定：「因可歸責於債務人之事由，致為不完全給付者，債權人得依關於給付遲延或給付不能之規定行使其權利」，就是要看給付可不可以補正，來分別適用關於給付不能或給付遲延的規定。適用在贈與時，贈與人的贈與，如果只是數量上不符合贈與契約的約定，而是可以由贈與人補足的，就要依照民法第 409 條關於給付遲延的規定來解決，如果贈與人沒有辦理補正，就要依照民法第 409 條關於

給付不能的規定來解決，如果贈與物在品質、效用、功能方面，沒有達到一般該有的標準，或是和當初贈與契約的約定不符，就要依照民法第411條關於贈與的瑕疵擔保規定來解決。

　　數量不符的問題，例如，戊與己訂立贈與契約，且經過公證，約定戊送給己一百隻母雞，戊雖然按時交給己一百隻雞，但是己只拿到九十八隻母雞，另外二隻是公雞，沒有辦法下蛋賣錢，因此戊贈與給己的贈與物，數量不符合贈與契約的約定，為不完全給付的情形，這時己可以依照民法第409條第1項前段關於贈與給付遲延的規定，要求戊補送二隻母雞，如果戊不能補送二隻母雞，己可以依照民法第409條第1項後段關於贈與給付不能的規定，要求戊補送相當於二隻母雞價額的金錢，但前提是戊對於無法補足這件事，具有故意或重大過失（民法第410條參照）。

第二節　贈與的瑕疵擔保責任

第一項　贈與人瑕疵擔保責任的範圍

　　贈與人的贈與，如果在品質、效用、功能方面，沒有達到一般該有的標準，或是品質和當初贈與契約的約定不符，造成價值減少，或是效用、功能和當初贈與契約的約定不符合，而且不符合的程度不輕（物之瑕疵），或是贈與物上存在有別人的權利，例如：贈與別人房屋，但上面有銀行的抵押權（權利瑕疵），是贈與人當初贈與時所保證沒有的，這些都是贈與的瑕疵，遇到這種情形，依照民法第411條規定:「贈與之物或權利如有瑕疵，贈與人不負擔保責任。但贈與人故意不告知其瑕疵或保證其無瑕疵者，對於受贈人因瑕疵所生之損害，負賠償之義務」，贈與人原則上不用對受贈人負任何損害賠償責任，因為贈與本身是無償的，贈與人贈與受贈人財產，原則上並沒有拿到什麼好處，法律也就不苛責贈與人，不會讓贈與人負擔太大的責任，這是贈與的無償契約性質和有償契約最大不同的地方。但是受贈人如果因為贈與的財產有瑕疵,造成他原本財產的流失或額外付出(固

有財產的損害），而且這個瑕疵是贈與人所保證沒有的，或贈與人明明知道贈與財產有瑕疵，還把它拿來送給受贈人，這時贈與人還是要對受贈人負責賠償，因為贈與人有保證，甚至是故意不告知，而且要不是有這個贈與，受贈人也不會受到這樣的損害，這時贈與人就要負責賠償受贈人。除此之外，如果贈與人未保證贈與物或權利沒有瑕疵，而且也不是故意不告知，贈與人就不用負責。

另外，即使贈與人有保證，或是故意把有瑕疵的贈與財產交給受贈人，如果受贈人不是固有財產的損害，而是贈與財產本身有瑕疵的損害，贈與人也不用負責賠償。

以下舉例說明贈與人所需要負擔的瑕疵擔保責任：丙贈與丁的卡車引擎變形，讓丁開到一半出車禍受傷，花費醫藥費用十萬元，丙送給丁的那輛車引擎之所以有問題，是因為丙之前駕駛該輛卡車被他人嚴重追撞所導致，丙要送給丁之前，竟然沒有檢查就送給丁，還向丁拍胸脯保證這輛卡車絕對沒有問題，所以丙雖然有按時把那輛卡車交給丁使用，沒有給付不能或給付遲延，但是有物之瑕疵，即使如此，丁仍然不可以向丙請求修復卡車，因為這是贈與物的瑕疵損害，丁可以依據民法第 411 條向丙請求的是「加害給付」（固有財產的損失，也就是瑕疵結果損害），依照民法第 411 條「對於受贈人因瑕疵所生之損害」的文字意思，就是不包括給付財產本身（卡車）有瑕疵的損害（瑕疵損害），而僅僅包括因為贈與的財產或贈與物不符合這個贈與契約的目的，所導致受贈人自己本身原來就有的財產遭受的損失，或因此需要額外的付出。

在前述例子中，丁要多花費的十萬元醫藥費用，是從丁自己原來就有的財產（固有財產）中掏腰包付的，所以依照民法第 411 條但書的規定，丙必須要賠償丁這筆醫藥費用的開銷。又例如：戊與己訂立贈與契約，並且經過公證，約定戊送給己一隻母雞，戊雖然按時交給己這隻雞，但是因為這隻母雞有傳染病，傳染到己原來的雞群，戊明明知道這隻母雞有致命性的傳染病，還是把牠送給己，造成己原有的一百隻公雞死亡，戊送給己那隻母雞也死亡。依照民法第 411 條的規定，己不可以向戊要求賠償這隻

死亡的母雞，但是可以要求戊賠償死掉的一百隻公雞。

第二項　贈與人的瑕疵結果損害賠償責任

民法第411條但書：「但贈與人故意不告知其瑕疵或保證其無瑕疵者，對於受贈人因瑕疵所生之損害，負賠償之義務」，是瑕疵擔保責任的規定？還是不完全給付的特別規定？還是侵權行為法的特別規定？也就是說，贈與人如果要負責任，究竟是負瑕疵擔保責任？還是不完全給付的責任？還是侵權行為責任？是一個有爭議的問題。

第一款　瑕疵擔保責任說

主張這是瑕疵擔保責任的學說，認為民法第411條的本文及但書，既然有原則及例外的關係，所以本文規定贈與人原則上不用負瑕疵擔保責任，但書則規定贈與人需負瑕疵擔保責任的例外，但是即使贈與人要負瑕疵擔保責任，基於民法第411條但書「受贈人因瑕疵所生之損害」這樣的文字，是指「瑕疵結果損害」（履行利益以外固有利益的損害），而不是「瑕疵損害」（履行利益的損害）❷，換句話說，受贈人可以請求損害賠償的範圍，僅限於受贈人原本財產的耗損或額外的付出，而不包括贈與財產本身的瑕疵所導致受贈人沒有辦法正常利用贈與財產所造成的損害。採取這一說的前提，是瑕疵擔保責任，除了瑕疵損害以外，還包括瑕疵結果損害，拿買賣的規定來解釋，民法第360條：「買賣之物，缺少出賣人所保證之品質者，買受人得不解除契約或請求減少價金，而請求不履行之損害賠償；出賣人故意不告知物之瑕疵者亦同」的規定，所謂「不履行之損害賠償」，解釋上應該要適用不完全給付的規定，包含了瑕疵損害及瑕疵結果損害❸。

---

❷　鄭玉波，《民法債編各論（上）》，著者自版，民國84年，頁153、155。

❸　王澤鑑，〈物之瑕疵擔保責任、不完全給付與同時履行抗辯權〉，《民法學說與判例研究（六）》，著者自版，民國78年，頁135；邱聰智，前揭書，頁125。

第二款　不完全給付的特別規定說

主張民法第 411 條但書是不完全給付特別規定的學者，認為瑕疵擔保責任的損害賠償，不包括瑕疵結果損害的損害賠償，僅僅限於瑕疵損害而已，因為瑕疵擔保責任的規定，只是在調整給付與對價的平衡關係，不考量給付以外的固有財產。因此，民法第 411 條但書既然規定「對於受贈人因瑕疵所生之損害，負賠償之義務」的瑕疵結果損害，可見不是瑕疵擔保責任，而是不完全給付的損害賠償責任，只有在不完全給付，才可以請求瑕疵結果損害。「不完全給付」的出現，是因為瑕疵擔保責任不包括瑕疵結果的損害賠償，所以民法第 227 條規定：「因可歸責於債務人之事由，致為不完全給付者，債權人得依關於給付遲延或給付不能之規定行使其權利(第1項)。因不完全給付而生前項以外之損害者，債權人並得請求賠償（第 2項)」，其中第 1 項是規定瑕疵損害賠償，第 2 項是規定瑕疵結果損害賠償，而民法第 411 條的本文是關於瑕疵擔保責任的規定，但書則是不完全給付的規定，與一般法律條文本文及但書具有原則及例外關係的情形不同，但是因為民法第 411 條但書有減輕贈與人的責任，所以必須在贈與人故意不告知瑕疵，或保證沒有瑕疵的情形下，贈與人才要負瑕疵結果的損害賠償責任❹。

第三款　侵權行為的規定說

另外有學說認為，民法第 411 條但書的規定，不是瑕疵擔保責任的規定，根本就是侵權行為的特別規定，因為任何人贈與他人財產，都有不可以侵害他人權利的義務❺。

---

❹　廖家宏，〈債務不履行與物之瑕疵擔保責任於贈與契約法規範之闡釋──債編修正之檢討〉，《植根雜誌》，第 16 卷第 2 期，民國 89 年 2 月，頁 79。

❺　林誠二，前揭書，頁 273。

第四款　本書的見解

第一目　就應負責任的過失程度而言

本文以為，不論對於民法第 411 條但書的規定，是採取瑕疵擔保責任說、不完全給付特別規定說或侵權行為法特別規定說，在實際案件的運用上，結果都會相同。首先就贈與人所要負責的過失程度而言，民法第 411 條但書已經明文規定，在「贈與人故意不告知瑕疵，或保證沒有瑕疵」的情形下，才可以請求損害賠償，排除贈與人有重大過失、具體輕過失及抽象輕過失的情形，因此無論是採取瑕疵擔保責任說、不完全給付特別規定說或侵權行為法特別規定說，都要依據民法第 411 條但書的規定限縮贈與人需要負責的過失程度。

第二目　就責任範圍而言

其次，贈與人所要負的責任範圍，就如上述所言，即使是採瑕疵擔保責任說，也認為要適用不完全給付的規定，而關於不完全給付的規定，由民法第 227 條之 1 規定：「債務人因債務不履行，致債權人之人格權受侵害者，準用第 192 條至第 195 條及第 197 條之規定，負損害賠償責任」，可知民法第 192 條：「不法侵害他人致死者，對於支出醫療及增加生活上需要之費用或殯葬費之人，亦應負損害賠償責任（第 1 項）。被害人對於第三人負有法定扶養義務者，加害人對於該第三人亦應負損害賠償責任（第 2 項）。第 193 條第 2 項之規定，於前項損害賠償適用之（第 3 項）」、第 193 條：「不法侵害他人之身體或健康者，對於被害人因此喪失或減少勞動能力或增加生活上之需要時，應負損害賠償責任（第 1 項）。前項損害賠償，法院得因當事人之聲請，定為支付定期金。但須命加害人提出擔保（第 2 項）」、第 194 條：「不法侵害他人致死者，被害人之父、母、子、女及配偶，雖非財產上之損害，亦得請求賠償相當之金額」、第 195 條：「不法侵害他人之身體、健康、名譽、自由、信用、隱私、貞操，或不法侵害其他人格法益

而情節重大者，被害人雖非財產上之損害，亦得請求賠償相當之金額。其名譽被侵害者，並得請求回復名譽之適當處分（第 1 項）。前項請求權，不得讓與或繼承。但以金額賠償之請求權已依契約承諾，或已起訴者，不在此限（第 2 項）。前 2 項規定，於不法侵害他人基於父、母、子、女或配偶關係之身分法益而情節重大者，準用之（第 3 項）」、第 197 條：「因侵權行為所生之損害賠償請求權，自請求權人知有損害及賠償義務人時起，二年間不行使而消滅。自有侵權行為時起，逾十年者亦同（第 1 項）。損害賠償之義務人，因侵權行為受利益，致被害人受損害者，於前項時效完成後，仍應依關於不當得利之規定，返還其所受之利益於被害人（第 2 項）」等規定，都可以適用於民法第 411 條但書的瑕疵結果損害賠償，所以不論是採取瑕疵擔保責任說、不完全給付特別規定說或侵權行為法特別規定說，受贈人可以請求的損害賠償範圍，都是一樣的，包括醫療費、增加生活上需要的費用、殯葬費、扶養義務的損害賠償、因為身體、健康受損所造成喪失或減少勞動能力的損害賠償及增加生活上需要的損害賠償、侵害生命權及人格權的非財產上損害賠償（慰撫金）等瑕疵結果損害。

一、A 送給 B 總共二十臺新式堆高機，其中十臺有按時送給 B，但是另外十臺沒有按時送到，所以 A 對 B 有不完全給付的情形，又因為 A 與 B 的贈與契約經過公證，所以當 B 向 A 要求對於還沒有給付的十臺堆高機，應負起不完全給付債務不履行責任時，A 不可以任意撤銷贈與契約而主張免責（民法第 408 條）。而那十臺沒有按時送到的堆高機，其中五臺因為 A 的具體輕過失而毀損，因為市場上已經沒有這種型號的堆高機，別種型號的堆高機也不符合 B 的需求，所以毀損的這五臺堆高機，A 再也無法補送，應該適用關於給付不能的規定，但是依照民法第 410 條的規定，贈與人必須要有故意或重大過失，才要對受贈人負給付不能的責任，所以對於這五臺堆高機的完全給付，A 不用對 B

負每臺五十萬元、5 臺共二百五十萬元的損害賠償責任。

二、另外五臺遲延交付給 B 的堆高機，雖然還完好，但是要運回 A 的公司，重新用吊具裝載在大型貨運車上，並且用繩索固定，再運給 B 時，已經晚了一週。A 就這晚到的五臺堆高機，有給付遲延的情形，但是依照民法第 409 條第 2 項規定，受贈人 B 不得對 A 請求給付不履行的損害賠償，所以 B 因為 A 的遲延，讓 B 少賺一百萬元的履行利益，B 不可以向 A 請求。

三、至於 B 使用 A 贈送的堆高機，A 雖然有重大過失沒有檢修就送給了 B，造成堆高機使用途中電路短路，貨櫃突然砸下來壓傷 B，讓 B 花費十萬元治療，以及在家休息十天，每天少賺三千元，但是 A 把這臺堆高機贈送給 B 時，除非 A 有故意不告訴 B 這臺堆高機可能有線路短路的危險，或有保證這些堆高機都有該有的品質、效用及功能，依照民法第 411 條但書的規定，受贈人 B 因為堆高機的電線短路瑕疵所造成的固有財產損害，包括醫藥費十萬元，以及喪失減少的勞動能力三萬元，都不可以向 A 請求損害賠償。

四、如果 B 不幸傷重過世，而在 A 之前故意不告訴 B 那臺堆高機可能有線路短路的危險，或 A 有保證這些堆高機都有該有的品質、效用及功能的前提條件下，支出喪葬費用的 B 的繼承人，依照民法第 411 條但書，就瑕疵擔保說及不完全給付說而言，可以適用民法第 227 條之 1 準用第 192 條第 1 項的規定，向 A 請求賠償殯葬費用二十萬元，就民法第 411 條但書是侵權行為法的特別規定說而言，可以直接適用民法第 192 條第 1 項的規定，向 A 請求賠償殯葬費用二十萬元。

第四章
贈與撤銷之原則與例外情形

　　贈與契約訂立並且生效之後，贈與人可以依據民法的規定，把這個贈與契約撤銷掉，贈與契約被撤銷之後，溯及到以前失去它的效力，跟從來沒有訂立這個贈與契約一樣（民法第 114 條第 1 項參照），所以會直接影響贈與契約的效力，但是在撤銷之前，即使贈與人有撤銷的權利，如果沒有去行使，贈與契約仍然存在，除非贈與人可以依據民法拒絕履行，否則贈與人還是有義務要把贈與財產的權利移轉給受贈人。以下就分別介紹贈與契約在法律上，可以被撤銷及撤銷例外（拒絕履行）的情形。

第一節　一般法律行為都適用之撤銷原因

　　Ａ脅迫Ｂ，如果不把名下的一棟房子送給Ｃ，就要Ｂ全家好看，由於Ａ有黑道背景，Ｂ擔心自己家人的安危，只好配合Ｃ到法院公證處辦理Ｂ與Ｃ之間的贈與契約公證，把那棟房子送給Ｃ，並且到地政事務所辦理房屋過戶登記。經過三個月，Ｂ將家人通通送出國安頓好後，想要回房子，有什麼方法？如果Ｃ不知道Ｂ之所以會送給他房子，是因為Ａ脅迫Ｂ的關係，Ｂ還可以向Ｃ要回房子嗎？

案例二

　　D 借給 E 新臺幣（以下同）二百萬元，約定三個月內還錢，E 把錢拿去買一棟二百萬元的房屋，從此身上就沒有錢了，三個月一到，D 向 E 要求還錢，發現 E 沒有錢，並且已經把那棟房屋贈與給 F，也有辦理移轉登記而交給 F 去住，D 是不是可以要求 F 交還那棟房屋？如果 F 不知道 E 贈與這棟房屋的贈與契約是可以撤銷的，D 還可不可以撤銷？如果 F 已經把房屋又贈與給 G，D 可不可以要求 G 把房屋還給 E？如果 G 不知道 E 送給 F 這棟房屋是可以撤銷的，D 還可不可以撤銷 E 及 F 之間的贈與契約？

　　本節介紹一般的契約都可以適用的撤銷規定及原因，而贈與屬於法律行為其中之一，當然同樣可以適用。其主要有以下幾種撤銷的規定：

第一項　暴利行為之撤銷

　　民法第 74 條暴利行為撤銷的規定：「法律行為，係乘他人之急迫、輕率或無經驗，使其為財產上之給付或為給付之約定，依當時情形顯失公平者，法院得因利害關係人之聲請，撤銷其法律行為或減輕其給付（第 1 項）。前項聲請，應於法律行為後一年內為之（第 2 項）」，這是因為民法考慮到，如果一個人是在很匆忙、很著急、很沒有經驗的情況下，被別人乘虛而入，利用這個人的匆忙、著急或沒有經驗，讓他答應要把財產給別人（債權行為），或直接就把財產給別人（包括物權行為），而且從法律關係發生時，匆忙、沒有經驗的人的意思表示情形來看，對他很不公平，民法就准許在把財產給別人的法律行為過後一年以內可撤銷，如果超過一年，就不准撤銷。例如：乙是甲的女友，看到甲剛剛繼承一大筆遺產，正在處於喪親之痛時，親戚朋友紛紛上門，七嘴八舌說甲要小心，以免被人綁架等話，讓甲每天都很心慌，甲又剛好要趕去國外唸書，因為外國學校開學時間快到

了，所以甲正處於急迫、輕率以及沒有經驗的情況之下，乙趁機在甲急著要去國際機場趕飛機之前，把甲拉到地方法院公證處，要甲贈與乙繼承得來的名貴古董花瓶，並且將這個贈與契約公證，甲事後想清楚、回過神，就可以在一年以內，依照民法第 74 條的規定撤銷這個贈與契約。又例如：早期在臺北縣新店市的碧潭風景區，有人在游泳時遇到暗流，快要淹死，旁邊的家屬非常著急，想拜託用船載客遊碧潭的船伕救難，船伕利用此一急迫情形，故意開出天價新臺幣（以下同）二百萬元，家屬只好答應船伕所開出的價碼，並在完成救人行動後，家屬依約定給予二百萬元，但是依民法第 74 條規定，家屬可以在答應給付二百萬元之後一年內撤銷這個契約。

第二項　錯誤意思表示之撤銷

民法第 88 條撤銷錯誤意思表示的規定：「意思表示之內容有錯誤，或表意人若知其事情即不為意思表示者，表意人得將其意思表示撤銷之。但以其錯誤或不知事情，非由表意人自己之過失者為限（第 1 項）。當事人之資格或物之性質，若交易上認為重要者，其錯誤，視為意思表示內容之錯誤（第 2 項）」。

所謂的「錯誤」，是意思表示的人，不是故意的，而不小心的把意思表示錯了。就贈與而言，錯誤有下列幾種情形：

第一款　意思表示內容錯誤

民法第 88 條所謂「意思表示內容有錯誤」，包括下列三種型態：

第一目　關於當事人本身的錯誤

例如：誤認某人是南亞大海嘯的救命恩人，而贈與黃金五兩，這是「當事人同一性」的錯誤。

第二目　關於標的物本身的錯誤

例如：丙以為 X 鑽戒是 Y 鑽戒，就把 X 鑽戒送給丁，事實上，丙心裡面想要送給丁的，是 Y 鑽戒而不是 X 鑽戒。

第三目　關於法律行為性質的錯誤

例如：誤以為他人要送東西給自己，於是就承諾接受他人的贈與，但是實際上他人表達出來的是買賣的要約意思。

第二款　表示行為錯誤

也就是民法第 88 條所講的「表意人若知其事情即不為意思表示」，例如：本來只要贈送 1000 元，卻在支票上多寫了一個 0，寫成 10000 元。

第三項　誤傳意思表示之撤銷

民法第 89 條是傳達錯誤的規定：「意思表示，因傳達人或傳達機關傳達不實者，得比照前條之規定撤銷之」，因為意思表示的人，不一定能夠親自向別人表達他的意思表示，所以有時必須利用別人或別的機關（例如：郵局、快遞）來傳達他的意思表示，傳達的人或機關，難免有錯誤的情形發生。例如：戊贈與己一輛 X 卡車，請自己公司的職員轉達意思表示，但是因為戊的職員傳錯話，對己說成是戊要送給己另外一輛 Y 卡車，己也答應了，戊後來發現錯誤，就可以依照民法第 89 條的規定撤銷贈與己那輛 Y 卡車的契約。

民法第 88 條意思表示錯誤的撤銷或是民法第 89 條傳達錯誤的撤銷權，自意思表示後，經過 1 年而消滅（民法第 90 條）。

第四項　意思表示不自由之撤銷

民法是基於私法自治原則，亦即一個人在民法上的法律關係，原則上應該要由自己之自由意志決定，所以形成法律關係的意思表示，除非有法

律規定，否則任何人都不可以加以干涉。如果是受到別人不當的干涉，而做出的意思表示，依民法第 92 條規定可以讓意思表示人在一定的期間內予以撤銷。

「詐欺」是指故意要讓別人陷於錯誤，因此做出與事實不相符合或不實在的意思表示，而「脅迫」就是故意把不好的結果告訴別人，用不正當的手段，使別人心理產生恐懼，被脅迫的人因為怕不好的結果發生，故在不得已的情形下，做出意思表示。例如：戊送給己的 X 卡車，是因被己欺騙，己騙戊說自己是大老闆，戊也誤以為己是大老闆，事實上己只不過是個小職員，如果戊知道實情，就不會把 X 卡車送給己，又例如：己脅迫戊，說如果不把 X 卡車送給我，我就要殺光你全家等等，戊對於己的脅迫感到恐懼，不得已才把 X 卡車送給己，這些情形，戊都可以依照民法第 92 條第 1 項的規定，撤銷贈與己那輛 X 卡車的贈與契約。

撤銷被詐欺或脅迫的意思表示，依照民法第 93 條規定：「前條之撤銷，應於發見詐欺或脅迫終止後，一年內為之。但自意思表示後，經過十年，不得撤銷」，故有一年及十年的除斥期間❶限制。但是，如果被詐欺或脅迫的人，沒有在除斥期間以內撤銷被詐欺或脅迫的意思表示，得依民法第 184 條侵權行為規定請求損害賠償或在侵權行為時效完成後，依照民法第 198 條規定拒絕履行❷。

---

❶ 除斥期間，就是法律對於某種權利的存在，所預定的存續期間，在此期間經過之後，權利就消滅了。由於這種法定期間不可以延長，所以又稱「不變期間」。申言之，除斥期間就是形成權必須要在一定的期間裡面去行使，如果不在法律規定的期間內行使，期間一過，權利就消滅了，這是為了使法律關係、法律狀態及早安定下來的緣故。除斥期間一定是由法律來規定，而且不可能延長，法官審理案件的時候，也要依職權主動去了解及適用除斥期間是不是已超過期限。

❷ 最高法院 28 年上字第 1282 號判例：「因被脅迫而為負擔債務之意思表示者，即為侵權行為之被害人，該被害人固得於民法第 93 條所定之期間內，撤銷其負擔債務之意思表示，使其債務歸於消滅，但被害人於其撤銷權因經過此項期間而消滅後，仍不妨於民法第 197 條第 1 項所定之時效未完成前，本於侵權行

第五項　債權人為保全債權之撤銷

債務人的法律行為，如果對債權人的債權有害，可以依照民法第 244 條的規定，向法院聲請撤銷債務人的有害債權的法律行為。以下就適用於贈與的情形說明之：

第一款　贈與人之債權人可以撤銷贈與的理由

贈與人如果把自己的財產送給別人，造成沒有辦法對於他的全部債權人清償，贈與人的債權人，就可以依照民法第 244 條第 1 項規定：「債務人所為之無償行為，有害及債權者，債權人得聲請法院撤銷之」，撤銷贈與人的贈與行為。所謂「有害」，是指贈與人因為贈與第三人的關係，造成贈與人沒有財產清償債權人的債權。贈與人的債權人就可以向法院聲請撤銷贈與。

因贈與人對於他的債權人，所負擔的債務，是先成立的，贈與人後來把財產贈與之後，若造成先前的債務的一部分或全部不能清償，應該要保障先前的債權人；其次，贈與人對於他先前債權人的債務，通常是有償的，先前的債權人有付出代價，才得到這個債權，當然不能因為贈與人後來把財產無償送給別人，而受到影響，受贈人既然是沒有付出代價，也只好忍受有付出代價的債權人撤銷這個贈與契約；另外，贈與人自己對債權人負有債務，還把財產送給別人，以至於影響到債權人的債權沒有辦法完全受到清償，往往是故意躲避債權人的追討，所做出來的假贈與契約。基於以上之理由，我們可以了解民法第 244 條第 1 項規定的立法目的。

第二款　保全債權撤銷權之主觀要件

主觀要件，就是被撤銷贈與行為的債務人，主觀上需要有什麼認知或故意，他的債權人才可以行使撤銷權。贈與人把自己的財產贈與給別人，

為之損害賠償請求權，請求廢止加害人之債權，即在此項時效完成後，依民法第 198 條之規定，亦得拒絕履行」。

影響到贈與人的債權人對於贈與人的債權受償，如果贈與人把自己的財產送給別人時，主觀上不知道會影響到自己對於債權人的清償，這時債權人還是不可以撤銷這個贈與，只有在贈與人明知會影響到自己債權人的情形下，債權人才可以撤銷。

但是，贈與人把自己的財產送給別人，會不會影響到自己對於債權人的清償，事先應該做檢查及評估，才是負責的做法，如果贈與人沒有仔細清點自己的財產，就冒然地把財產送給別人，抱著會不會影響債權人都無所謂的心態，這時應該要解釋成是有侵害到債權人債權的「未必故意」，也算是明知會影響到債權人的債權，債權人仍然可以依照民法第 244 條第 1 項的規定來撤銷這個贈與契約，畢竟債權人的債權成立在先，而且往往是有償的，所以債權人可以行使撤銷權，這也是保障交易上的安全之應有法解釋。

第三款　保全債權撤銷權的客觀要件

客觀要件，就客觀上需要具備一定事實，贈與人的債權人才可以行使撤銷權。贈與人的債權人，對於贈與人的債權，究竟是可以要求贈與人給付「特定物債權」，或是「金錢債權」，這兩種情形分別來討論：

第一目　特定物債權

在什麼客觀情形之下，贈與人把財產送給別人，會影響到贈與人的債權人的債權受清償？要看贈與人到底欠債權人什麼。如果是特定的物，例如：贈與人的債權人出錢向贈與人購買一個名貴古董花瓶，贈與人卻把這個花瓶送給受贈人，如果贈與人還有其他的財產，而這個花瓶轉換成價值，債務人還賠得起債務不履行的損害賠償，債權人就不可以依照民法第 244 條第 1 項的規定來撤銷贈與，因為民法第 244 條第 3 項規定：「債務人之行為非以財產為標的，或僅有害於以給付特定物為標的之債權者，不適用前 2 項之規定」，說明了撤銷權不是為了確保特定物的債權而設置的，而是在贈與人的總財產，因為贈與的關係，造成沒有辦法對全體債權人的全部債

權清償，債權人才可以行使撤銷權❸。

第二目　金錢債權

如果贈與人欠債權人的，不是特定物，而是一筆錢，那麼，只有在贈與人把財產贈與給受贈人，造成贈與人因此沒有錢還給全體的債權人時，債權人才可以依照民法第 244 條第 1 項的規定撤銷贈與契約，例如：贈與人己本身只有財產一百萬元，另外積欠債權人庚二百萬元，欠債權人辛一百萬元，贈與人卻贈與受贈人壬五十萬元，造成債權人庚、辛對於贈與人的總共三百萬元債權的受償，受到影響，無論庚的二百萬元債權，或辛的一百萬元債權，都因為贈與壬五十萬元，而沒有辦法完全受到清償，這時債權人庚、辛，就可以依照民法第 244 條第 1 項的規定撤銷贈與契約，但是如果贈與人己本身就有五百萬元，送給受贈人壬五十萬元之後，自己還有四百五十萬元，足夠清償對於債權人庚、辛總共三百萬元的債務，這時債權人庚或辛，對於贈與人的債權，不會因為贈與人己贈與受贈人壬五十萬元而受到影響，因此庚或辛都不可以撤銷己和壬的贈與契約。

第四款　保全債權撤銷權之行使

民法第 244 條第 1 項規定，保全債權的撤銷權，是要聲請法院為之，因為撤銷贈與人與受贈人之間的贈與契約，影響到受贈人的受贈權利，如果債權人可以隨便就把贈與的契約撤銷，對於受贈人影響很大，必須要慎

❸　最高法院 95 年度臺上字第 716 號判決：「惟按債務人之行為非以財產為標的，或僅有害於以給付特定物為標的之債權者，不適用民法第 244 條第 1 項、第 2 項規定之撤銷權，88 年 5 月 5 日修正施行之同條第 3 項定有明文，其修正意旨係謂：撤銷權之規定係以保障全體債權人之利益為目的，非為確保特定債權而設。本件上訴人陳○就系爭土地於被上訴人前案起訴請求辦理公同共有登記未果後，即以贈與為原因移轉登記予陳文○，為原審所確定之事實，自係以陷被上訴人基於信託物返還請求權得請求返還系爭土地之權利不能行使為目的，而無關乎陳○其餘全體債權人之利益，原審認被上訴人得依民法第 244 條第 1 項規定行使撤銷權，於法自有未合」。

重處理，而且債權人到底符不符合民法第 244 條第 1 項行使保全債權撤銷權的主觀要件及客觀要件，也要由公正的司法機關依據證據來判斷。最高法院 38 年臺上字第 308 號判例：「債權人依民法第 244 條第 2 項行使其撤銷權，請求撤銷債務人之行為，如其行為為雙方行為時，固應以債務人及其相對人為被告，否則應認其當事人之適格有欠缺」。因此行使民法第 244 條第 1 項的保全債權撤銷權，也應該做相同的解釋，所以起訴（民事訴訟法第 244 條）的時候，要以贈與人及受贈人為共同被告。

債權人如果遲遲不去法院聲請撤銷，那麼受贈人到底有沒有受到贈與，這件事情就會一直懸而不決，反而會對贈與人、受贈人造成困擾，因此民法第 245 條規定：「前條撤銷權，自債權人知有撤銷原因時起，一年間不行使，或自行為時起，經過十年而消滅」，就是規定撤銷權的除斥期間，贈與人的債權人如果知道有可以撤銷贈與人與受贈人間贈與的原因，那麼債權人就必須在知道後一年內提出撤銷的訴訟，知道之後超過一年，或贈與物交付之後超過十年，債權人都不可以撤銷。

第五款　行使撤銷權的效果

第一目　贈與財產尚未移轉受贈人

一旦法院判決撤銷贈與契約確定，贈與契約就自始無效（民法第 114 條）。如果贈與人還沒有把贈與物交給受贈人，可以依民法第 408 條第 1 項的規定撤銷贈與契約，如果這個贈與契約經過公證，或是為了履行道德上義務的贈與，經過民法第 244 條第 1 項規定撤銷之後，贈與人也就是債務人，就沒有義務要把贈與財產移轉、交給受贈人，受贈人也沒有權利向贈與人要求。因此，在贈與財產還沒有移轉給受贈人的時候，保全債權撤銷權撤銷的對象，是贈與契約的負擔行為❹，而不包括移轉贈與財產給受贈

---

❹　負擔行為，又稱「債權行為」，是以發生債權債務關係為內容的法律行為，其行為作成後，債務人因此有給付的義務。例如：贈與人與受贈人成立贈與契約，贈與人因此有義務把贈與財產移轉給受贈人，但是贈與物不因為贈與契約的成

人的處分行為❺。

第二目　贈與財產已經移轉給受贈人

如果贈與財產已經移轉給受贈人了，這時債權人可以把贈與契約行為（債權行為）及移轉贈與財產給受贈人的物權行為一起撤銷，而受贈人就會變成無權占有贈與人的財產，債權人可以依照民法第 242 條（債權人代位權）及民法第 767 條（所有物返還請求權）的規定，代位贈與人向受贈人要求返還贈與財產；如果債權人只撤銷債權行為，沒有撤銷物權行為，這時受贈人保有當初贈與人贈與的財產，就沒有法律上的原因，債權人可以依照民法第 242 條（債權人代位權）及民法第 179 條（不當得利）的規定，代位贈與人向受贈人要求返還贈與財產，好讓債務人（贈與人）對他的債權人清償債務。但是債權人也可以不行使代位權，直接依照民法第 244 條第 4 項前段「債權人依第 1 項或第 2 項之規定聲請法院撤銷時，得並聲請命受益人或轉得人回復原狀」的規定，請求受益人（受贈人）將受贈的財產回復成贈與人（債務人）所有，好讓債務人（贈與人）對債權人清償債務。

以上就債權人、贈與人及受贈人之間的關係而言，如果贈與人贈與受贈人的財產，受贈人（受益人）轉讓給其他人（轉得人），債權人可以依照民法第 244 條第 4 項：「債權人依第 1 項或第 2 項之規定聲請法院撤銷時，得並聲請命受益人或轉得人回復原狀。但轉得人於轉得時不知有撤銷原因者，不在此限」的規定，要求受贈人或從受贈人那邊拿到這個贈與財產的人，把當初贈與人所贈與的財產，回復到贈與人名下（回復原狀），這樣贈與人的債權人，才會有保障。而受益人把受贈財產轉送給轉得人時，債權

立生效，而當然變成是受贈人的，在贈與人與受贈人之間作成「物權行為」前，贈與財產還是贈與人的。

❺　處分行為，是指直接使某種權利發生、變更或消滅的法律行為，處分的客體是權利。贈與人與受贈人之間的贈與契約，即使成立生效，也要等到贈與財產的處分行為完成後，贈與財產才是受贈人所有。

人若還沒有行使撤銷權，使受贈人不知自己是不當得利，就把受贈財產轉送給轉得人，因而依照民法第 182 條第 1 項規定，對贈與人免除返還不當得利之義務，此時，如贈與人怠於行使權利，債權人可以依照民法第 242 條代位權之規定，代位贈與人依照民法第 183 條之規定，向轉得人請求返還該財產。但是從受贈人那裡取得這個贈與財產的轉得人，如果不知道贈與人與受贈人之間的贈與財產行為，是可以被撤銷的，也就是他不知道這個贈與行為，會影響到贈與人全體債權人的全部債權，因而符合前面所說的行使撤銷權的主觀及客觀要件，而具有可以撤銷的原因，則依照民法第 244 條第 4 項但書規定「但轉得人於轉得時不知有撤銷原因者，不在此限」，債權人還是不可以依照民法第 244 條第 4 項的規定要求轉得人回復原狀，而且轉得人在這個時候，可以依民法第 801 條「動產之受讓人占有動產，而受關於占有規定之保護者，縱讓與人無移轉所有權之權利，受讓人仍取得其所有權」、第 948 條「以動產所有權或其他物權之移轉或設定為目的，而善意受讓該動產之占有者，縱其讓與人無讓與之權利，其占有仍受法律之保護」及土地法第 43 條「依本法所為之登記，有絕對效力」善意受讓的規定，善意取得受讓的動產或不動產❻，這是為了維護交易安全的緣故。

解析 ━━━━━━━━━━━━━━━━━━━━━━━━━━━━━━

　　A 脅迫 B 如果不把名下的一棟房子送給 C，就要 B 全家好看，由於 A 有黑道背景，B 怕自己的家人出事，只好配合 C 到法院公證處辦理 B 與 C 之間的贈與契約公證，所以 B 與 C 之間的贈與契約，其中 B 的意思表示，是被 A 脅迫的，就是 A 故意把不好的結果告訴 B，用不正當的手段，使 B

━━━━━━━━━━━━━━━━━━━━━━━━━━━━━━

❻ 孫森焱，《民法債編總論》，著者自版，民國 86 年 8 月，頁 478。至於動產及不動產的分別，民法第 66 條第 1 項規定：「稱不動產者，謂土地及其定著物」，定著物是指固定而且附著於土地上之物，例如：房屋、橋樑、樹木等。民法第 67 條規定：「稱動產者，為前條所稱不動產以外之物」，例如：金錢、流動廁所、汽車、電腦等，因隨時可以移動，所以是動產。

心生恐懼，迫使 B 答應要把房子送給 C，但不是出自於自由的意思表示，B 就可以依照民法第 92 條的規定，撤銷 B 贈與 C 房子的意思表示，以及把贈與的房子移轉過戶登記給 C 的意思表示，撤銷之後，B 與 C 的贈與契約債權行為，以及 B 將房子移轉登記給 C 的物權行為，因為都少了 B 這一部分的意思表示，所以 B 與 C 之間債權行為和物權行為都不存在，因此 C 成為無權占有 B 的房子，B 可以依照民法第 767 條返還所有權的規定，請求 C「塗銷所有權登記」並且返還房子。

　　如果 B 只撤銷贈與 C 的債權行為，而未撤銷有效的移轉房子予 C 的物權行為，雖然 C 取得房子所有權，並獲得所有權的利益，但因為贈與契約已經被撤銷，所以並沒有法律上的原因，因此 B 可以依照民法第 179 條返還不當得利規定，請求 C 把那棟房子「移轉登記」給 B 並且交出那棟房子。

　　要附帶說明的是，民法第 92 條但書規定「被詐欺而為之意思表示，其撤銷不得以之對抗善意第三人」，反面解釋，被脅迫的意思表示，其撤銷可以對抗善意第三人，這是民法考慮到被脅迫的嚴重性，會使被脅迫的人心生恐懼，而且達到不能抗拒之程度，這是被詐欺的人所沒有的，所以 B 被脅迫所做出的贈與房子給 C 的意思表示，B 的撤銷，可以對抗善意不知道 B 被脅迫的 C，也就是說，縱然 C 是善意，B 的撤銷還是可以對抗所有善意第三人❼，包括 C 在內。但也有學說認為 C 是「交易第三人」，可以依照土地法第 43 條的規定善意取得這棟房子，而如果 A、B、C 之間的爭議，不是房子而是動產，C 也可以依照民法第 801 條、第 948 條的規定善意取得這個動產❽，如果按照這種說法，B 雖可撤銷贈與 C 房子的贈與契約及物權契約的意思表示，C 依土地法第 43 條及民法第 801 條、第 948 條關於物權的規定，仍可善意取得該房子的所有權，但 C 取得房子的法律上原因，

---

❼ 詹森林、馮震宇、陳榮傳、林秀雄，《民法概要》，五南圖書出版，民國 93 年 5 月，頁 110。

❽ 史尚寬，《民法總則》，著者自版，民國 79 年 8 月，頁 394、395；王澤鑑，《民法概要》，著者自版，民國 91 年 8 月，頁 118。

亦即贈與契約被撤銷，所以 B 雖不可依民法第 767 條規定請求返還所有物，仍可依民法第 179 條的規定請求返還不當得利。因此無論 C 是否善意取得該棟房子，亦即 B 無論依民法第 767 條或第 179 條規定向 C 請求，C 原則上均須返還 B 該棟房子。

解析二

D 借給 E 200 萬元，約定三個月內還錢，E 拿去買一棟二百萬元的房屋後就沒錢了，卻把那棟房屋贈與給 F，而且已經移轉登記並交給 F 住，因此債務人 E 所做出的贈與 F 房屋的無償行為，會讓 D 的債權沒有辦法受到清償，因而有害到 D 的債權，債權人 D 就可以聲請法院撤銷 E 與 F 間的贈與契約，以及 E 把那棟房屋移轉登記給 F 的物權行為，這時，F 就變成是無權占有 E 的房屋，如果 E 還是沒有積極向 F 行使權利（怠於行使權利），D 可以依照民法第 242 條的規定，代位 E 向 F 行使民法第 767 條的所有物返還請求權，請求 F「塗銷所有權登記」，並且返還 E 那棟房屋。

如果 D 只撤銷 E 贈與 F 房屋的贈與契約債權行為，並沒有撤銷 E 移轉登記並且交給 F 那棟房屋的物權行為，這時 F 雖然有那棟房屋的所有權，但是沒有法律上的原因，因為本來是法律上原因的贈與契約債權行為，已經被撤銷，所以如果 E 怠於向 F 行使權利，D 還是可以依照民法第 242 條代位權的規定，代位 E 來向 F 行使民法第 179 條不當得利返還請求權，請求 F 把房屋「移轉登記」回來給 E。無論如何，D 行使代位權，都是要把房屋回復成 E 所有。D 也可以不行使代位權，在行使民法第 244 條第 1 項的撤銷權之後，直接依照民法第 244 條第 4 項「債權人依第 1 項或第 2 項之規定聲請法院撤銷時，得並聲請命受益人或轉得人回復原狀。但轉得人於轉得時不知有撤銷原因者，不在此限」的規定，要求受益人 F 回復原狀，將房屋移轉回復到 E 的名下。

把房屋回復成 E 所有之後，E 才會有財力清償積欠 D 的二百萬元，E 欠 D 錢，而不是 F 欠 D 錢，所以 D 不能向 F 直接討債，只能依照前面所

講的方法，先把財產回復到 E 名下，再去向 E 討債，但是 D 不可以直接要求 F 把那棟房屋移轉到 D 自己名下，因為那棟房屋本來就是 E 的，不是 D 的。

　　如果 F 已經把房屋又轉送給 G，而 G 在取得這棟房屋時，如果知道 E 贈與這棟房屋給 F 的贈與契約，是可以撤銷的（知悉有撤銷的原因），依照民法第 244 條第 4 項「債權人依第 1 項或第 2 項之規定聲請法院撤銷時，得並聲請命受益人或轉得人回復原狀。但轉得人於轉得時不知有撤銷原因者，不在此限」的規定，D 可以不用行使代位權，直接在聲請法院撤銷 E 與 F 之間的贈與契約時，就要求轉得人 G 回復原狀，將房屋直接移轉回復到 E 的名下，D 是撤銷「E 與 F 之間的贈與契約」，不是撤銷「F 與 G 之間的贈與契約」，只是因為民法第 244 條第 4 項規定的緣故，撤銷的效力及於 G，使 G 有回復原狀的義務。另外，D 撤銷 E 與 F 之間的贈與契約後，F 取得房屋失去法律上的原因，成為不當得利，但是如果 F 受領房屋並且把它贈與給 G 時，D 還沒有行使撤銷權，所以 F 是在不知道自己是不當得利的情形下，就把房屋贈與給 G，所以依照民法第 182 條第 1 項規定，不用對 E 負擔返還的義務，則 D 同時也可以依照民法第 183 條不當得利對第三人效力的規定，以及民法第 242 條代位權的規定，代位 E 向 G 請求返還房屋給 E。但是縱使 D 可以依照民法第 244 條第 4 項之規定向 G 請求，或縱可代位 E 向 G 行使民法第 183 條之權利，如果轉得人 G 不知道贈與契約可以被 D 撤銷，就依照土地法第 43 條的規定，善意取得那棟房屋的所有權，民法第 244 條第 4 項但書也規定：「但轉得人於轉得時不知有撤銷原因者，不在此限」，這時善意的 G 就可以不用把房屋回復原狀還給 E。

第二節　贈與人之撤銷權

案例一

　　H 贈與 I 一棟房屋，並且已經移轉登記及交給 I 使用。有一天，I 跟 H 的太太 J 吵架，把 J 打傷了，I 被簡易判決傷害罪有罪確定，H 可不可以向 I 要回這棟房屋？如果 H 一直到過世，都沒有去撤銷 H 與 I 的贈與契約，J 是 H 唯一的繼承人，是不是可以繼承 H 的撤銷權，去撤銷 H 與 I 之間的贈與契約？如果不是 H 過世，而是 I 過世，H 可不可以對 I 的繼承人 X 撤銷贈與契約，並且要求歸還房屋？

案例二

　　K 與 L 訂立贈與契約，約定由 K 送給 L 一棟房屋，贈與契約並且經過公證。後來 K 去大陸地區做生意，很少回臺灣，沒有空去辦理房屋過戶登記，是不是可以主張民法第 418 條的窮困抗辯，拒絕移轉房屋給受贈人？

案例三

　　M 贈與給 N 一棟房屋，贈與契約有經公證，並且有一個附款，就是 N 必須要在國外照顧 M 的兒子 P 就讀大學期間的生活起居，也就是附條件的贈與契約。M 的房屋還沒有移轉給 N，N 就寫了一封信給 M，表示 P 非常頑劣，N 不願意照顧 P。請問：當 N 要求 M 把房屋移轉過戶給 N 的時候，M 是不是可以拒絕？

第一項　任意撤銷

第一款　撤銷的要件

民法第 408 條規定:「贈與物之權利未移轉前,贈與人得撤銷其贈與。其一部已移轉者,得就其未移轉之部分撤銷之(第 1 項)。前項規定,於經公證之贈與,或為履行道德上義務而為贈與者,不適用之(第 2 項)」。本編第二章提到贈與契約是諾成契約,即使贈與再昂貴的不動產也是一樣,口頭約定就算成立贈與契約,如果沒有讓贈與人反悔的機會,對於一時之間沒有想清楚,就把財產送給別人的贈與人來講,很不公平,也因為贈與人原則上是在沒有獲得代價的情形下,把財產送給受贈人,所以,贈與人可以在贈與財產移轉給受贈人之前,隨時反悔,撤銷贈與契約,或把還沒有送出去的部分撤銷,但是如果贈與部分財產已經移轉給受贈人,受贈人既然已經拿到了,產生一定的信賴及財產關係的安定性,甚至受贈人又把贈與財產轉讓給別人,如果還是允許贈與人撤銷,會造成很大的困擾,送出去的東西,不知道已經流落到何方,如果還要把它追回來,相當麻煩,所以民法第 408 條第 1 項規定,贈與財產的權利(在這裡是指物權)如果已經移轉,就不可以撤銷贈與。

第二款　撤銷的主體

民法第 408 條規定了贈與人的撤銷權,因此凡是有能力締結贈與契約的,都可成為撤銷權的主體,包括自然人及法人。自然人是因為出生而存活於世界上的人類,法人則是在一定條件下,由法律賦予人格,而得為權利義務主體的社會團體。法人也可成為撤銷權的主體,例如:某文教基金會本來答應要補貼某學生營養午餐費每月三百元,該學生也答應了,但是在還沒有給付前,該學生已經另外獲得縣市政府的全額補助,於是該文教基金會就依照民法第 408 條第 1 項規定,撤銷補助營養午餐費的贈與契約,把錢拿去補助其他需要的同學。

第三款　撤銷的客體

民法第 408 條第 1 項規定贈與人得「撤銷贈與」，應該是指撤銷贈與契約的意思表示。贈與契約在還沒有被撤銷以前，只要贈與契約成立而且生效（參見本編第二章的論述），不管贈與的財產有多昂貴，受贈人就可以向贈與人要求移轉贈與的財產，除非贈與人把贈與契約撤銷，否則贈與人就有義務要把贈與的財產移轉給受贈人。

在贈與財產移轉給受贈人之前，贈與人原則上隨時可以把贈與契約撤銷，撤銷之後，贈與人就再也沒有義務移轉贈與財產給受贈人，而且最重要的是，贈與人在贈與財產移轉之前撤銷贈與契約，是可以不用提出任何理由，他喜歡撤銷就撤銷，不像有償契約或雙務契約，例如：買賣契約的撤銷，一定要有法律規定的特別理由，比如民法第 87、88 條規定的意思表示有錯誤，或是民法第 92 條規定的意思表示受到詐欺或脅迫，有這些事實，才可以撤銷買賣契約的意思表示，但是就贈與契約而言，即使贈與契約的意思表示沒有錯誤，也沒有受到任何詐欺或脅迫，贈與人還是可以在贈與財產移轉之前，隨便就把贈與契約給撤銷，這就是所謂的「任意撤銷」。

因為須在贈與財產移轉前，贈與人才可以撤銷贈與，所以依照民法第 408 條第 1 項撤銷的客體，是贈與的契約行為，也就是債權行為，而不是移轉贈與財產的物權行為。

第四款　不得撤銷的例外情形

第一目　經過公證的贈與契約

民法第 408 條第 2 項，規定不能撤銷的例外情形，第一種情形是經過公證的贈與，即使贈與財產的權利還沒有移轉給受贈人，贈與人也不可以依照民法第 408 條第 1 項任意撤銷的規定撤銷贈與，因為贈與契約如果經過公證，無論是法院公證處或民間公證人的公證，程序上都會比較慎重，贈與人應該是在很謹慎的情形下，才會與受贈人締結公證的贈與契約，基

於一時情緒上衝動的情形不多，況且公證人是代表國家法律行使職權，應該要予以尊重，所以經過公證的贈與契約，不能夠依照民法第 408 條第 1 項的規定隨便撤銷。

第二目　為了履行道德上義務的贈與

民法第 408 條第 2 項規定不能撤銷的第二種例外情形，是贈與如果是為了履行道德上的義務，雖然贈與財產的權利還沒有移轉給受贈人，贈與人也不可以依照民法第 408 條第 1 項的規定，隨便撤銷贈與契約，因為贈與人雖然在法律上沒有義務非要把財產送給受贈人，但是在道德上有這個義務，既然答應要送，即使贈與財產還沒有移轉，也不可以反悔，以維護社會道德，例如：甲答應要贈送孤兒院新臺幣五萬元，雖然錢還沒有給付，但是甲不可以依照民法第 408 條第 1 項的規定隨便撤銷這個贈與契約。

為什麼履行道德上的義務不可以任意撤銷？這是為了兼顧一般人的社會道德感情，如果准許任意撤銷，會讓人覺得不合乎倫理道德，所以即使是在移轉贈與財產給受贈人前，也不可以任意撤銷贈與契約。

第五款　贈與契約的撤銷要件

第一目　贈與契約成立並且生效

除了前面所說的例外情形，贈與契約原則上是可以撤銷的。依照民法第 408 條第 1 項的規定，贈與物的權利還沒有移轉之前，贈與人可以撤銷贈與。因此，撤銷贈與契約的要件，首先是贈與契約已經成立並且生效，如果贈與契約還沒有成立，或是還沒有發生效力，就沒有撤銷的問題。

民法第 166 條規定：「契約當事人約定其契約須用一定方式者，在該方式未完成前，推定其契約不成立」，如果贈與人與受贈人有特別約定贈與契約必須經過公證，不然不能成立贈與契約，那麼，贈與契約在還沒有經過公證之前，不論贈與財產的權利是不是已經移轉給受贈人，都沒有撤銷的問題，因為這個時候，贈與契約還沒有經過公證，所以根本就還沒有成立，

更不會有效，又怎麼會有撤銷的問題呢？只有成立、生效的贈與契約，贈與人得撤銷其贈與。

第二目　贈與物權利尚未移轉給予受贈人或受贈人所指定之人

民法第 408 條第 1 項所講的「權利」，其實是在講物權，也就是說，在贈與的動產交付給受贈人以後，或在贈與的不動產移轉登記給受贈人之後，贈與人無論如何不能撤銷贈與契約。但是在贈與物的物權移轉給受贈人之前，贈與人原則上可以撤銷贈與契約。這又可以分動產及不動產來說明：

一、動產──簡易交付、占有改定、指示交付

物權的移轉，就動產而言，是指「交付」。關於交付，民法第 761 條規定：「動產物權之讓與，非將動產交付，不生效力。但受讓人已占有動產者，於讓與合意時，即生效力（第 1 項）。讓與動產物權，而讓與人仍繼續占有動產者，讓與人與受讓人間，得訂立契約，使受讓人因此取得間接占有，以代交付（第 2 項）。讓與動產物權，如其動產由第三人占有時，讓與人得以對於第三人之返還請求權，讓與於受讓人，以代交付（第 3 項）」。因此「交付」的意思，就是把動產交給別人占有，讓那個人可以實際支配這個動產，但是如果受讓人已經占有那個動產的時候，讓與人與受讓人，如果對於把那個動產交給受讓人這件事，達成意思表示的一致，那個動產就立即交付給受讓人了，例如：乙向甲借了甲的名貴古董翡翠玉，在手上把玩，乙把玩、鑑賞半小時之後，正要還給甲時，甲說你喜歡的話就送給你好了，乙說這樣我就不客氣了，這時古董翡翠玉的物權，才移轉給乙，這就是民法第 761 條第 1 項規定的「簡易交付」。如果翡翠玉在乙手上把玩的時候，甲沒有說要送給乙，而是在乙把它還給甲時，甲才對乙說，如果你喜歡就送給你好了，但是因為我要辦展覽，先讓我保留三天拿去展示，乙說好，這時，雖然甲還是繼續持有翡翠玉，但是從甲、乙達成贈與契約，而乙同意由甲拿去展覽的那一刻開始，翡翠玉就已經是乙的了，而甲僅僅是「間接占有」，這叫做「占有改定」的移轉動產物權方式（民法第 761 條第 2 項）。

另外一種情形是，翡翠玉雖然是甲的，但是不在甲、乙手上，而是由甲借給丙，現在在丙手上，但是甲、乙還是成立贈與契約，甲跟乙說，我是翡翠玉本來的所有人，現在我把向丙請求返還翡翠玉的請求權讓與給你，因此乙你可以向丙請求返還翡翠玉，這樣就算是有交給你翡翠玉了，這叫「指示交付」（民法第 761 條第 3 項）。

二、不動產

不動產物權的移轉，是指「登記」，因為民法第 758 條規定：「不動產物權，依法律行為而取得設定、喪失、及變更者，非經登記，不生效力」，即使不動產已經由受贈人所占有，仍然需要去地政事務所辦理移轉登記，不動產物權才真正移轉給予受贈人。

第二項　因受贈人不履行負擔而撤銷贈與

民法第 412 條第 1 項規定：「贈與附有負擔者，如贈與人已為給付而受贈人不履行其負擔時，贈與人得請求受贈人履行其負擔，或撤銷贈與」。所以，在附有負擔的贈與，如果贈與人已經將贈與財產移轉給受贈人，而受贈人不履行負擔，贈與人就可以撤銷贈與。附有負擔的贈與，就是指受贈人因為接受了贈與，也須負擔履行一定的義務❾。「負擔」不一定單指金錢，也包括金錢以外的義務，例如：婚姻的義務，也算是「負擔」，所以訂婚所贈送的聘禮，就是「附有負擔的贈與」❿，故依民法第 979 條之 1 規定，此種因訂定婚約而為贈與者，婚約無效、解除或撤銷時，贈與人得請求受

---

❾　最高法院 32 年上字第 2575 號判例：「所謂附有負擔之贈與，係指贈與契約附有約款，使受贈人負擔應為一定給付之債務者而言。必其贈與契約附有此項約款，而受贈人，於贈與人已為給付後不履行其負擔時，贈與人始得依民法第 412 條第 1 項之規定撤銷贈與」。

❿　最高法院 47 年臺上字第 1469 號判例：「婚約之聘金，係負有負擔之贈與，上訴人既不願履行婚約，則依民法第 412 條第 1 項，第 419 條第 2 項，被上訴人自得撤銷贈與，請求返還原贈與財物，縱解除婚約之過失責任係在被上訴人，亦僅生賠償之問題，不能為拒絕返還之論據」。

贈人返還贈與物。

在附有負擔的贈與，贈與人必須先把贈與財產移轉給受贈人，才有資格追究受贈人是不是有履行負擔，贈與財產的移轉，與受贈人履行負擔，有先後的關係❶，但是如果確定受贈人不會履行負擔，並且有證據，例如：受贈人明確表示不要履行負擔，這時要贈與人先移轉贈與物，再撤銷贈與契約把贈與物要回來，太過於麻煩，而且不一定要得回來，對贈與人也不公平，這種情形應該可以讓贈與人拒絕把贈與財產移轉給受贈人。

又因為附有負擔的贈與，贈與人不是在完全無條件的情形下送給他人財產，而是有目的、有意圖，贈與人希望受贈人能夠履行負擔，所以不但是贈與人負有義務，要把贈與財產移轉給受贈人，受贈人也有義務去實現負擔，很像買賣一樣，當事人雙方都有義務，因此是雙務契約，與單純的贈與不一樣，因此法律不會給贈與人太多優惠，所以只有在受贈人沒有履行義務，具有可歸責的事由，因而對於負擔的履行，構成給付不能、給付遲延或不完全給付時，贈與人才可以撤銷贈與契約❷。

關於附有負擔贈與的其他說明，詳情請參閱本書第二編第一章〈附有負擔的贈與〉。

第三項　法定撤銷權與繼承人之撤銷權

第一款　贈與財產移轉後仍可撤銷

法定撤銷和前面所講的任意撤銷不同,必須要有法律上所規定的原因,

---

❶ 最高法院 32 年上字第 2575 號判例：「所謂附有負擔之贈與，係指贈與契約附有約款，使受贈人負擔應為一定給付之債務者而言。必其贈與契約附有此項約款，而受贈與人，於贈與人已為給付後不履行其負擔時，贈與人始得依民法第 412 條第 1 項之規定撤銷贈與」。

❷ 邱聰智，《新訂債法各論》，元照出版，民國 91 年 10 月初版一刷，頁 294。最高法院 88 年度臺上字第 538 號判決：「附有負擔之贈與，須受贈人對於負擔之履行陷於給付遲延時，贈與人始得撤銷贈與」。

才可以撤銷，這邊所講的法定撤銷，是指民法債編贈與章節所特別規定的法定撤銷原因，具備這些原因的要件，才可以撤銷贈與契約。民法第 416 條：「受贈人對於贈與人，有左列情事之一者，贈與人得撤銷其贈與：一、對於贈與人、其配偶、直系血親、三親等內旁系血親或二親等內姻親，有故意侵害之行為，依刑法有處罰之明文者。二、對於贈與人有扶養義務而不履行者（第 1 項）。前項撤銷權，自贈與人知有撤銷原因之時起，1 年內不行使而消滅。贈與人對於受贈人已為宥恕之表示者，亦同（第 2 項）」，如果有這些法定原因，贈與人就可以撤銷贈與契約，不論贈與財產的權利是不是已經移轉給受贈人，也不論贈與契約是不是有經過公證，或是不是贈與人為了履行道德上的義務所為的贈與。換言之，依據民法第 416 條撤銷贈與契約，可以不用受到民法第 408 條規定的限制❸，也就是說，贈與財產的權利，如果已經移轉給受贈人，還是可以依據民法第 416 條的規定撤銷贈與契約。

　　贈與人依據民法第 416 條撤銷贈與契約之後，受贈人這時保有原先贈與的財產，就變成是沒有法律上的原因而受到利益（本來贈與契約是受贈人保有贈與財產的法律上原因，在贈與契約被撤銷掉之後，受贈人就沒有法律上的原因了），因此原先贈與的財產，就變成是受贈人的不當得利，所以民法第 419 條第 2 項就規定：「贈與撤銷後，贈與人得依關於不當得利之規定，請求返還贈與物」，贈與人就可以依據這個條文，向受贈人請求返還當初贈與的財產，這是民法第 408 條任意撤銷贈與所未規定的。

第二款　任意撤銷權與法定撤銷權競合情形

　　即使如前所述，贈與人依據民法第 408 條的撤銷權，原則上是在贈與財產移轉給受贈人之前，而民法第 416 條的撤銷權，在贈與財產移轉給受

---

❸　最高法院 87 年度臺上字第 886 號判決：「民法第 416 條第 1 項之贈與人之撤銷權，係基於法定原因而為之，與同法第 408 條第 1 項贈與人於贈與物未交付前，得任意撤銷其贈與之規定，迥不相同。即同法第 408 條第 2 項之規定，於同法第 416 條第 1 項之撤銷，並不適用之」。

贈人之後，仍然可以行使，但是這兩個撤銷權，是有重疊（競合）而同時發生的可能，例如：不是經過公證的贈與契約，也不是履行道德上義務的情形，在贈與財產還沒有移轉給受贈人的時候，受贈人故意殺害贈與人的配偶，這時贈與人既可以依照民法第 408 條第 1 項的規定撤銷贈與，也可以依照民法第 416 條第 1 項第 1 款的規定撤銷贈與，贈與人只要用其中之一撤銷贈與，贈與契約就溯及既往消滅。

第三款　因受贈人忘恩行為而撤銷

第一目　故意侵害行為

這些法定原因，首先是所謂「忘恩行為」，也就是按照民法第 416 條第 1 項第 1 款規定，受贈人對於贈與人本人、配偶、直系血親、三親等內旁系血親或二親等內姻親，有故意侵害之行為，而且這個故意侵害的行為，依照刑法是有處罰的明文規定，贈與人就可以撤銷贈與契約。

民法第 416 條第 1 項第 1 款所謂「刑法有處罰之明文」，不僅僅是名字為「中華民國刑法」的刑法典而已，還包括刑事特別法，也就是指「犯罪行為」，但是實務見解認為財產犯罪不包括在內，例如：刑法第 35 章，也就是刑法第 352 條至第 356 條，雖然規定有毀棄損害罪，明文處罰毀損他人文書、建築物、礦坑、船艦、器物、債權等財產的行為，但是實務上一般認為，只要未侵害到贈與人以及他的前述親屬的人格權（生命、身體、健康、自由、名譽、信用等），贈與人還是不可以依照民法第 416 條第 1 項的規定撤銷贈與契約❶。但是如果有侵害到贈與人本人、配偶、直系血親、

---

❶　最高法院 73 年臺上字第 3737 號判決：「贈與人依民法第 416 條第 1 項第 1 款規定得撤銷其贈與者，以受贈人對於贈與人或其最近親屬，有故意侵害之行為，依刑法有處罰之明文者為限。並不包括受贈人單純對於贈與人之財產，有故意之侵害行為在內。本件土地縱係被上訴人贈與上訴人，然查被上訴人似係主張上訴人對其財產有侵害之行為，如其侵害行為尚不涉及對於被上訴人人格權之侵害，要難認被上訴人得撤銷其贈與」；最高法院 91 年度臺上字第 1928 號判

三親等內旁系血親或二親等內姻親個人的人格權，無論是直接侵害，還是因為侵害國家法益、社會法益，例如：妨害選舉、誣告、偽證、偽造文書等，而間接侵害到贈與人本人或他的前述親屬個人的人格權，都算是忘恩行為。

至於受贈人的故意侵害行為，如果有正當防衛、緊急避難等阻卻違法事由，學說上認為因為不成立犯罪，所以不算忘恩行為，然而如果是欠缺刑事責任能力（刑法第 18 條第 1 項規定，未滿 14 歲人之行為，不罰），例如：十歲的未成年受贈人對贈與人施暴，仍然構成忘恩行為❶。

第二目　親屬的種類與親等

一、血親與姻親

親屬分為血親及姻親。血親分為自然血親與擬制血親，自然血親，是指出自於同一個祖先，無論這位祖先是出自於父親或母親的祖先。擬制血親又稱法定血親，是指並沒有血緣關係，但是依照法律的規定，取得血親的身分關係，例如：經過法定程序而收養。另外，如果一個小孩，從出生日回溯第一百八十一天至三百零二天，或能證明受胎回溯在第一百八十一日以內或第三百零二日以前，在這個期間內，有任何一天是母親與某個男人有婚姻關係，那麼這個小孩就推定（如果沒有相反的證據，就當作是）

決：「贈與人依 88 年 4 月 21 日修正公布前之民法第 416 條第 1 項第 1 款規定得撤銷其贈與者，以受贈人對於贈與人或其最近親屬，有故意侵害之行為，依刑法有處罰之明文者為限。並不包括受贈人單純對於贈與人之財產，有故意之侵害行為在內。是受贈人對於贈與人之財產有侵害之行為，如其侵害行為尚不涉及對於贈與人人格權之侵害，要難認贈與人得撤銷其贈與」。至於「最近親屬」之意義，司法院民國 76 年 4 月 14 日 (76) 廳民一字第 2069 號函：「民法第 14 條第 1 項規定：對於心神喪失或精神耗弱致不能處理自己事務者，法院得因本人、配偶、最近親屬二人或檢察官之聲請，宣告禁治產，其中所謂『最近親屬』範圍如何？不論為血親或姻親，直系或旁系均無不可，親屬以親等最近者為先，如親等相同時，血親較姻親為近，直系較旁系為近」，可資參照。

❶ 邱聰智，前揭書，頁 281。

是這個男人所生的小孩（民法第 1062 條、第 1063 條第 1 項），如果母親或這個男人能夠證明這個小孩不是這個男人所生的，可以在知道這個小孩不是這個男人所生後 2 年以內，向法院提出「否認之訴」，否認這個小孩是這個男人所生，或子女自知悉其非為婚生子女時起二年以內，向法院提出「否認之訴」，但子女於未成年時知悉者，仍得於成年後二年內為之（民法第 1063 條第 2、3 項）。

　　姻親，是指因為婚姻關係而發生的親屬關係。民法第 969 條規定：「稱姻親者，謂血親之配偶、配偶之血親、及配偶之血親之配偶」，但是不包括血親之配偶之血親❶。

二、直系與旁系血親

　　民法第 967 條規定：「稱直系血親者，謂己身所從出或從己身所出之血親（第 1 項）。稱旁系血親者，謂非直系血親，而與己身出於同源之血親（第 2 項）」。所以直系血親，就是從自己出生的人，或自己從他人身體出生的人，例如：自己的祖父母、外祖父母、曾祖父母、孫子女等，而旁系血親，就不是從自己身體出生的人，或自己從他人身體出生的人，但是共同出自於同血緣之祖先。

三、血親的計算

　　血親的計算，如果是直系血親，要從自己開始往上往下數，算到和自己有關係的那位直系血親，有幾個人就是幾親等，例如：自己與父母是一親等、與祖父母及外祖父母是二親等。旁系血親是先算到同源的共同祖先，再從共同的祖先算到那位和自己有關係的親屬，例如：母親的妹妹，就是「姨母」，姨母與自己同源的共同祖先為外祖父母，而自己與外祖父母是二親等，外祖父母與姨母是一親等，所以自己與姨母，加起來就是三親等（民法第 968 條）。

　　姻親之親系及親等之計算，不論「血親之配偶」、「配偶之血親」、「配偶之血親之配偶」，從其配偶之親系及親等或從其與配偶之親系及親等計算

---

❶　司法院 30 年院字第 2209 號解釋：「血親之配偶之血親，不在民法第 969 條所定姻親範圍之內，甲之女乙嫁與丙為妻，甲與丙之父丁，自無姻親關係」。

（民法第 970 條）。

第四款　因受贈人背義行為而撤銷

「背義行為」，也就是按照民法第 416 條第 1 項第 2 款規定，受贈人對於贈與人不負扶養義務。這個扶養義務，有學說認為包括民法第 1114 條至第 1116 條之 2 規定的扶養義務（法定扶養義務）及意定扶養義務（約定扶養義務）[17]，另外有學說認為，僅僅包括法定扶養義務而已，如果受贈人不履行約定扶養義務，可以依照債務不履行的規定去解決，而這個約定扶養義務就是一種「負擔」，可適用民法第 412 條[18]。民法第 1118 條：「因負擔扶養義務而不能維持自己生活者，免除其義務。但受扶養權利者為直系血親尊親屬或配偶時，減輕其義務」，所以一般扶養義務的義務人，如果因為負擔扶養義務，造成自己沒有錢可以維持生活，是可以不用負擔的，但是在民法第 416 條第 1 項第 2 款規定的情形，如果受贈人，是因為沒有錢維持生活，所以才沒有盡到扶養義務，則贈與人還是可以撤銷贈與[19]。

---

[17] 邱聰智，前揭書，頁 282。臺灣臺中地方法院 85 年度訴字第 1360 號判決：「民法第 416 條第 1 項第 2 款係對不情不義之受贈人非難除權之條款，亦即於受贈人對贈與人有忘惠行為時，許贈與人得即時撤銷贈與行為，又微諸學界通說認該款規定所謂『扶養義務』，並不限法定扶養義務，即約定扶養義務亦包括之，則受贈人是否不履行扶養義務，自不以贈與人是否已符合親屬法所規定之受扶養要件，即須不能維持生活而無謀生能力，或無謀生能力為必要，否則，以常情贈與人之能將財產無償贈與他人者，率多是有資力之人而言，如解為須俟贈與人與受贈人間均符合親屬法規定之扶養要件，而於受贈人不履行扶養義務時，始許贈與人撤銷贈與，豈非令贈與人坐視受贈人之忘惠行為而束手無策，且與同條第 2 項所規定撤銷權行使之 1 年短期除斥期間，欲使權利狀態儘早定分之立法意旨有違」。

[18] 林誠二，《民法債編各論（上）》，瑞興書局，民國 92 年 7 月修訂二版，頁 278。

[19] 邱聰智，前揭書，頁 282。

第五款　繼承人之撤銷權

第一目　受贈人故意不法行為

如果受贈人故意把贈與人殺死，或故意運用不法的方法讓他沒有辦法行使撤銷權，怎麼辦？民法第 417 條規定：「受贈人因故意不法之行為，致贈與人死亡或妨礙其為贈與之撤銷者，贈與人之繼承人，得撤銷其贈與。但其撤銷權自知有撤銷原因之時起，六個月間不行使而消滅」，贈與人的繼承人，可以在「知道」贈與人被受贈人故意殺死之後六個月以內，或「知道」贈與人本來要撤銷贈與，結果被受贈人阻止時起算六個月，依照民法第 417 條的規定，撤銷被繼承人（贈與人）生前與受贈人間的贈與契約。但是受贈人如果是不小心造成贈與人死亡，贈與人的繼承人還是不可以撤銷贈與契約。

第二目　受贈人故意不法致贈與人死亡或妨礙贈與撤銷須有因果關係

民法第 417 條規定「致贈與人死亡或妨礙其為贈與之撤銷」，「致」的意思，是因果關係，因果關係到底有多廣？學說上認為，受贈人直接把贈與人殺死，贈與人的繼承人就可以在除斥期間內撤銷贈與，如果贈與人因為受到受贈人的不法侵害，因而自殺或憂鬱過度死亡，例如：贈與人受到受贈人強制性交，而羞憤自殺，或憂鬱過度而死亡，這時贈與人的繼承人是可以撤銷贈與，但是如果受贈人不法侵害贈與人的配偶或最近親屬，造成贈與人憂鬱過度而死，或憤怒而自殺，贈與人的繼承人就不可以撤銷贈與❷⓪。

第三目　贈與人之繼承人

贈與人的「繼承人」是誰？依照民法第 1138 條規定：「遺產繼承人，除配偶外，依左列順序定之：一、直系血親卑親屬。二、父母。三、兄弟

---

❷⓪　邱聰智，前揭書，頁 283。

姊妹。四、祖父母」，前一順序如果還沒有繼承，後一順序就不能繼承，如果同一順序有很多繼承人，其中任何一位繼承人，只要符合民法第 417 條的規定，都可以撤銷被繼承人與受贈人之間的贈與契約。

第六款　行使撤銷權之方法

民法第 419 條第 1 項規定：「贈與之撤銷，應向受贈人以意思表示為之」，因此是贈與人單方面向受贈人為意思表示的單方行為，於意思表示到達受贈人時，發生效力。茲說明如下：

第一目　對話與非對話之意思表示

一、對話意思表示

對話的意思表示，是指意思表示的相對人，馬上可以了解意思表示的內容。依照民法第 94 條規定：「對話人為意思表示者，其意思表示，以相對人了解時，發生效力」，所以贈與人跟受贈人，用「對話」的方法表示要撤銷贈與契約，只要讓受贈人可以了解，就算撤銷贈與契約。

對話意思表示，和意思表示人及意思表示相對人間的距離無關，即使遠在地球的另一端，用越洋電話可以直接相互溝通，因而可以立刻了解對方的意思，就是對話的意思表示。但是即使面對面接觸，卻不能直接相互溝通、立刻了解對方的意思，必須要用紙條的方式溝通，就是非對話的意思表示。

二、非對話意思表示

非對話意思表示，依照民法第 95 條規定：「非對話而為意思表示者，其意思表示，以通知達到相對人時，發生效力。但撤回之通知，同時或先時到達者，不在此限（第 1 項）。表意人於發出通知後死亡或喪失行為能力或其行為能力受限制者，其意思表示，不因之失其效力（第 2 項）」，所以贈與人如果是用「非對話」的意思表示撤銷贈與契約，這個意思表示要「到達」受贈人，贈與契約才算撤銷。如果贈與人把非對話撤銷贈與契約的意思表示發出去之後就死亡，或心神喪失、精神耗弱被宣告禁治產（民法第

14 條），因而喪失行為能力（民法第 15 條），這個已經發出去的意思表示，依照民法第 95 條第 2 項的規定，在效力上並不會受到影響。

第二目　達到的意義

民法第 419 條第 1 項規定：「贈與之撤銷，應向受贈人以意思表示為之」，因此撤銷贈與契約，是用撤銷的意思表示，也就是一種單方面的意思表示，在這個意思表示達到受贈人的時候，贈與契約就被撤銷。所謂「達到」，要看是對話還是非對話的意思表示。如果是「對話」意思表示，例如：當面講話、講電話、電腦即時通訊，在受贈人了解意思表示的內容時，撤銷的意思表示就發生效力，如果是「非對話」意思表示，就是意思表示的相對人，也就是受贈人不能馬上了解意思表示的內容，那麼這個意思表示進入相對人的支配領域，而使相對人隨時可以了解意思表示的內容時，撤銷的意思表示就發生效力❷❶，例如：把撤銷的意思表示信函寄到相對人的住所，即使相對人還沒有看到這封信，或是由相對人的家人代收，撤銷的意思表示還是發生效力❷❷。

如果贈與人真的不知道受贈人住址在哪裡，而且贈與人之所以不知道，不是贈與人的錯，這時就可以依據民法第 96 條規定：「表意人非因自己之過失，不知相對人之姓名、居所者，得依民事訴訟法公示送達之規定，以公示送達為意思表示之通知」，向法院聲請對受贈人公示送達，贈與人可以用刊登報紙的方式，對受贈人做出撤銷贈與契約的意思表示（民事訴訟法

---

❷❶　最高法院 58 年臺上字第 715 號判例：「非對話而為意思表示者，其意思表示以通知達到相對人時，發生效力，民法第 95 條第 1 項定有明文。所謂達到，係指意思表示達到相對人之支配範圍，置於相對人隨時可了解其內容之客觀之狀態而言」。

❷❷　最高法院 54 年臺上字第 952 號判例：「民法第 95 條第 1 項規定：『非對話而為意思表示者，其意思表示以通知達到相對人時發生效力』，所謂達到，係僅使相對人已居可了解之地位即為已足，並非須使相對人取得占有，故通知已送達於相對人之居住所或營業所者，即為達到，不必交付相對人本人或其代理人，亦不問相對人之閱讀與否，該通知即可發生為意思表示之效力」。

第 151 條），如果是對人還在國內的受贈人刊登報紙，是從刊登報紙當天開始起算二十天，如果是對人已經在國外的受贈人刊登報紙，是從刊登報紙當天開始起算六十天，贈與契約才算已經撤銷（民事訴訟法第 152 條）。

雖然贈與人在贈與財產移轉之前，原則上可以任意撤銷贈與契約，但是手續上有時並不容易，贈與人還要冒著撤銷贈與契約的意思表示沒有達到受贈人的風險，所以贈與人要特別注意撤銷的手續，必須要符合法律的規定，避免因為不符合法律規定而錯過民法第 416 條第 2 項規定之一年除斥期間。

第三目 多數贈與人或受贈人

如果贈與人是很多人一起贈與，應該要由這些贈與人一起向受贈人為撤銷的意思表示，如果受贈人有很多人，贈與人應該要向全部的受贈人為意思表示❷❸。

第四項 撤銷贈與的效力

第一款 贈與契約無效

贈與契約被撤銷之後，依照民法第 114 條第 1 項：「法律行為經撤銷者，視為自始無效」的規定，贈與契約回溯到一開始成立時就無效，也就是從頭到尾都無效的意思。

第二款 不當得利

贈與契約被撤銷之後，贈與契約從頭到尾都是無效的，如果贈與財產

---

❷❸ 最高法院 72 年度臺上字第 3666 號判決：「依民法第 419 條第 1 項規定，贈與之撤銷，應向受贈人以意思表示為之。此與民法第 258 條第 1 項規定，解除權之行使，應向他方當事人以意思表示為之者，具有同一之法律理由，自應類推適用民法第 258 條第 2 項之規定。故贈與契約當事人之一方有數人者，撤銷贈與之意思表示，亦應由其全體或向其全體為之」。

已經移轉給受贈人了，這時就有不當得利的問題。如果受贈人死亡，他的繼承人會繼承受贈人這個不當得利的債務（民法第 1147、1148 條）。因此民法第 419 條規定：「贈與撤銷後，贈與人得依關於不當得利之規定，請求返還贈與物」，也就是原則上，可以依照民法第 179 條：「無法律上之原因而受利益，致他人受損害者，應返還其利益。雖有法律上之原因，而其後已不存在者，亦同」的規定，向受贈人或受贈人的繼承人請求返還贈與物。

　　就不動產而言，贈與不動產的契約被撤銷之後，可以要求受贈人或受贈人的繼承人辦理不動產的移轉登記，而不是塗銷登記❷，這是因為從民法第 419 條的規定可以知道，贈與人、贈與人的繼承人，依據民法第 416 條或第 417 條的規定撤銷贈與，是撤銷贈與契約的債權行為，至於移轉贈與財產給受贈人的物權行為，不是撤銷的對象，於是才有不當得利的問題。正是因為物權行為沒有撤銷，所以受贈人仍然保有贈與財產的權利，這個權利是受贈人沒有法律上的原因而受有利益，原本法律上原因的贈與契約已經被撤銷，所以受贈人變成是不當得利。贈與人依據民法第 419 條第 2 項規定，向受贈人請求返還不當得利，就不動產而言，如果是要求受贈人塗銷所有權登記，就表示受贈人取得不動產的物權行為效力有問題，但是正如前面所說明的，物權行為並沒有被撤銷，受贈人的所有權登記並沒有問題，只是受贈人要把所有權移轉回贈與人，以返還不當得利。

第五項　撤銷權的消滅

　　撤銷贈與的權利，一旦發生，不是永遠都不會消失，民法規定有以下幾種撤銷權消滅的原因：

---

❷　最高法院 72 年度臺上字第 802 號判決：「贈與撤銷後，贈與人得依關於不當得利之規定，請求返還贈與物。民法第 419 條第 2 項定有明文。原審謂上訴人僅得請求塗銷登記而不得請求被上訴人為返還贈與物之所有權移轉登記，其適用法律亦有違誤」。

第一款 除斥期間屆滿

受贈人具有民法第 416 條第 1 項法定撤銷原因,依照同法第 416 條第 2 項的規定,撤銷權必須從贈與人知道受贈人有忘恩、背義行為的撤銷原因那時候開始,一年以內行使撤銷權,不然撤銷權就會消滅。另外,依照民法第 417 條但書的規定,繼承人的撤銷權,從繼承人知道有撤銷原因當時起算,經過六個月就消滅。至於附有負擔的贈與,民法卻沒有規定它的除斥期間,應該是屬於法律漏洞❷。

第二款 贈與人寬恕受贈人

如果受贈人有民法第 416 條第 1 項第 1 款所規定的忘恩行為,或是同條項第 2 款所規定的背義行為,贈與人可以依照民法第 416 條第 1 項的規定撤銷贈與,但是民法第 416 條第 2 項但書規定,如果贈與人已經原諒(宥恕)受贈人的忘恩或背義行為,即使一年的除斥期間還沒有經過,贈與人仍然不可以撤銷贈與契約。

宥恕是一種情感上的抒發或表達,宥恕的人不是有意發生一定法律效果,但是法律會賦予這個宥恕一定的效果,所以它的成立、生效,都是準用法律行為,特別是民法關於意思表示的規定,所以是一種「準法律行為」。又為了表示尊重贈與人原來的意思,如果贈與人表示要原諒受贈人的忘恩或背義行為,贈與人的繼承人就不可以再行使撤銷權。

第三款 受贈人死亡

民法第 420 條規定:「贈與之撤銷權,因受贈人之死亡而消滅」,立法

---

❷ 最高法院 69 年度臺上字第 245 號判決:「此項贈與附有上訴人應給付被上訴人按年 5000 臺斤蓬萊稻穀之負擔,既未據上訴人履行,被上訴人據而撤銷贈與,請求返還被上訴人已交付之贈與土地,核於民法第 412 條第 1 項,第 419 條第 2 項規定並無不合,又本件既非依第 416 條第 1 項規定所為之撤銷贈與,自不受該 416 條第 2 項規定 1 年除斥期間之限制」。

理由在於，撤銷贈與的原因，既然可以怪罪於受贈人，那麼當受贈人死亡時，應該就不可以撤銷贈與。但是有學者認為，只有在受贈人有民法第416條忘恩、背義行為，以及民法第417條贈與人的繼承人有撤銷權的時候，贈與人撤銷贈與的權利才會消滅，其他撤銷贈與的情形，即使受贈人死亡，撤銷權也不會消滅❷。這種看法，應該是基於民法第416條、第417條撤銷贈與的原因，跟受贈人個人有密切關係，屬於受贈人的個人行為，因而不能因為受贈人個人的忘恩、背義、故意殺害贈與人的行為，而剝奪受贈人的繼承人所繼承的受贈與權利。

如果是因為受贈人不法侵害贈與人本人，造成贈與人或贈與人的繼承人有撤銷權，例如：受贈人把贈與人殺傷或殺死，雖然除斥期間過了，贈與人或繼承人仍然可以向受贈人依照民法第184條的規定，在民法第197條第1項所定之時效未完成前，本於侵權行為之損害賠償請求權，請求廢止加害人（受贈人）的債權，而且即使在民法第197條第1項的時效完成之後，贈與人或繼承人仍然可以依照民法第198條拒絕履行債務。

如果贈與人是被詐欺或脅迫，才做出贈與他人財產的意思表示，可以依照民法第92條的規定撤銷意思表示，也可以依照民法第184條及第198條的規定，拒絕履行贈與契約交付贈與財產給受贈人或受贈人的繼承人的義務。因此，即使在受贈人有民法第416條忘恩、背義行為，或民法第417條贈與人的繼承人有撤銷權的時候，受贈人死亡，導致贈與人或贈與人的繼承人的撤銷權，依照民法第420條的規定消滅，贈與人或贈與人的繼承人，仍然可以依照民法第184、198條的規定，對於受贈人的繼承人拒絕履行移轉贈與財產的義務。

第六項　拒絕履行贈與

第一款　情事變更原則的規定

民法第418條規定：「贈與人於贈與約定後，其經濟狀況顯有變更，如

❷ 林誠二，前揭書，頁282。

因贈與致其生計有重大之影響，或妨礙其扶養義務之履行者，得拒絕贈與之履行」，也就是在訂立贈與契約之後，贈與人的經濟情況，發生了訂立贈與契約當時，贈與人沒有辦法預料的明顯變壞情況，造成贈與人如果把贈與財產交給受贈人，會使贈與人自己沒有辦法維持生活（生計重大影響），也就是造成贈與人個人生活困難❷，或使贈與人沒有辦法扶養法律上應該要扶養的人，例如：自己的配偶、父母、子女等（妨礙其扶養義務之履行），贈與人就不需要把贈與財產交給受贈人。

民法債編總論在民法第 227 條之 2 第 1 項規定：「契約成立後，情事變更，非當時所得預料，而依其原有效果顯失公平者，當事人得聲請法院增、減其給付或變更其他原有之效果」，就是情事變更原則，適用於所有類型的契約，而民法第 418 條再針對其中的贈與契約特別規定贈與人所謂的「窮困抗辯」。

第二款　民法第 418 條的適用情形

第一目　贈與財產還沒有移轉給受贈人

如果贈與財產已經移轉給受贈人，就沒有拒絕履行贈與的問題，因此就沒有適用民法第 418 條的機會❷。如果贈與財產還沒有移轉給受贈人，

---

❷　最高法院 87 年度臺上字第 869 號判決：「民法第 418 條規定得拒絕贈與之履行，係以贈與約定後，經濟狀況發生顯著變化，因其贈與致對生計發生重大影響或妨礙其扶養義務之履行而言，上訴人上開抗辯縱為屬實，亦屬公司營運問題，與個人生計及履行扶養義務無涉，且無證據證明與本件贈與有關，上訴人無從持為得拒絕贈與履行之理由」，因此公司營運欠佳，不一定代表公司的負責人生計困難，主張因為要履行贈與契約義務，而在生計上有所困難，想要拒絕履行贈與契約的人，還是要對如果履行贈與契約的義務，他就會生活困難這件事負舉證責任。

❷　最高法院 87 年度臺上字第 1549 號判決：「民法第 418 條固明定：贈與人於贈與約定後，其經濟狀況顯有變更，如因贈與致其生計有重大之影響，或妨礙其扶養義務之履行者，得拒絕贈與之履行。然行使此項抗辯權，須於贈與約定後，

因為贈與人本來就可以依照民法第 408 條第 1 項的規定，在贈與財產移轉給受贈人之前，任意撤銷贈與契約，所以會引用民法第 418 條的情形，應該是民法第 408 條第 2 項所謂「經過公證的贈與」或是「為履行道德上義務而為贈與」兩種情形。

第二目 贈與人的財力狀況明顯變壞

民法第 418 條規定贈與人的窮困抗辯，是要在贈與人的經濟情況「顯有變更」，也就是贈與人的財力狀況明顯變壞的情形下，才可以拒絕把贈與財產移轉給受贈人，例如：贈與人因為突然生病，需要很龐大的醫藥費用，故無法致贈先前所約定之金錢。但是如果不是經濟情況明顯的變壞，例如：贈與人出國留學，只是不方便移轉贈與財產給受贈人，不是經濟情況有明顯困難，贈與人仍然不可以拒絕履行移轉贈與財產的義務。如果贈與人經濟情況變壞但是不明顯，也不可以提出窮困抗辯。

另外，贈與人財力狀況明顯變壞，不是贈與人故意造成的，贈與人才可以拒絕移轉贈與財產❷，以避免贈與人故意使自己的經濟情況變壞，例如：故意揮霍無度，來逃避移轉贈與財產的義務。

第三目 暫時性的抗辯

民法第 418 條僅僅適用於暫時的情形，贈與人移轉贈與財產給受贈人的義務，並不因此而消滅，如果有一天贈與人突然經濟情況又變好了，例如：中樂透彩，以至於移轉贈與財產給受贈人，已經不會影響到贈與人的生計，也不會影響到贈與人履行扶養義務，這時贈與人依照民法第 227 條之 2 第 1 項的規定，就不可以拒絕履行贈與契約所約定移轉贈與物給受贈人的義務。

標的物未交付前為之，若標的物業已交付，則贈與人即無此項抗辯權」。

❷ 最高法院 41 年臺上字第 4 號判例：「贈與人於贈與約定後，其經濟狀況之變更，除具有惡意之特別情形外，並不問其原因如何，即與其變更之為自致或他致無關，觀諸民法第 418 條之立法意旨自明」。

第三款　扶養義務的內涵

依據民法第 418 條，如果贈與契約有妨礙到贈與人扶養義務的履行，贈與人就可以拒絕履行贈與，也就是拒絕把贈與財產移轉給受贈人，這樣一來，贈與人可能會與別人約定扶養契約，刻意製造扶養義務，來迴避贈與契約的履行，因此，民法第 418 條所謂「扶養義務」，應該僅僅限於法定扶養義務而已。

H 贈與 I 一棟房屋，並且已經移轉登記及交給 I 使用，所以依照民法第 408 條的規定，因為贈與財產的房屋，已經移轉交付給受贈人，所以 H 不可以任意撤銷這個贈與契約。如果受贈人 I 把贈與人 H 的太太 J 違法打傷了，就是故意不法侵害 H 的配偶，依民法第 416 條第 1 項第 1 款的規定，H 可以撤銷贈與契約，並且依民法第 419 條第 2 項的規定，按不當得利的規定，向 I 要回這棟房屋。

如果 H 一直到過世，都沒有去撤銷 H 與 I 的贈與契約，因為民法第 416 條的撤銷權，是因為受贈人對於贈與人個人的忘恩或背義行為而發生，與贈與人個人具有特殊關係，影響到贈與人的感受或人格，當然只有贈與人 H 本人，才能決定是不是要撤銷贈與，因而屬於專屬權，不可以被繼承（民法第 1048 條但書），所以 H 的唯一繼承人 J，不可以繼承 H 的撤銷權，去撤銷 H 與 I 之間的贈與契約。

如果不是 H 過世，而是 I 過世，因為民法第 420 條規定：「贈與之撤銷權，因受贈人之死亡而消滅」，民法第 416 條的撤銷權，跟受贈人個人有密切關係，不能因為受贈人個人的忘恩、背義、故意殺害贈與人的行為，而剝奪受贈人的繼承人所繼承的受贈與權利，所以 H 不可以對 I 的繼承人 X 撤銷贈與契約並且要求歸還房屋。

K 與 L 訂立贈與契約，約定由 K 送給 L 一棟房屋，贈與契約並且拿去公證，所以依照民法第 408 條第 2 項的規定，K 不可以任意撤銷這個贈與契約，而 K 因為去大陸地區做生意，很少回臺灣，沒有空辦理房屋過戶登記，於是主張民法第 418 條的窮困抗辯，拒絕移轉房屋給受贈人 L。但是民法第 418 條規定贈與人的窮困抗辯，是要在贈與人的經濟情況「顯有變更」，贈與人的財力狀況有明顯變壞的情形下，才可以拒絕把贈與財產移轉給受贈人，如果不是因為經濟情況明顯變壞，僅僅只是不方便移轉贈與財產給受贈人而已，那麼贈與人 K 仍然不可以拒絕履行移轉贈與財產給 L 的義務。

M 贈與給 N 一棟房屋，贈與契約有拿去公證，所以依照民法第 408 條第 2 項的規定，M 不可以任意撤銷這個贈與契約。贈與契約的附款，是 N 必須要在國外照顧 M 的兒子 P 就讀大學期間的生活起居，但是在贈與財產的房屋，還沒有移轉給 N 之前，N 就拒絕履行這個「照顧 P 就讀大學期間的生活起居」的負擔，這時如果要 M 先把房屋移轉給 N，再撤銷贈與契約把房屋要回來，太過於麻煩，而且不一定要得回來，對 M 也不公平。所以民法第 412 條規定：「贈與附有負擔者，如贈與人已為給付而受贈人不履行其負擔時，贈與人得請求受贈人履行其負擔，或撤銷贈與」，在一般情形，贈與人必須先把贈與財產移轉給受贈人，才有資格追究受贈人是不是有履行負擔，贈與財產的移轉，與受贈人履行負擔，有先後的關係，但是在受贈人預先表示拒絕履行負擔的情形，像 N 明確表示拒絕履行負擔，則例外讓 M 得拒絕把房屋移轉給 N。

第五章

類似贈與的法律概念

　　類似贈與的法律概念，就是有些和贈與相類似的行為，或在名詞上，使用之用語相類似，但是實際上並不是贈與，因此在本書第一編敘述贈與的原理原則時，必需要澄清贈與的意義、特質、本質等，以免產生混淆。類似贈與的法律概念，既然不是贈與，那麼前面各章所敘述的贈與的成立及生效、贈與的效力及贈與的撤銷與拒絕履行等等，當然不可以直接適用在類似贈與的法律概念上。

　　和贈與相類似的法律概念，主要是捐助行為及遺贈。分別說明如次。

第一節　捐助行為

　　　　甲向來熱心公益，事業有成，決定把畢生積蓄大半捐出來，成立「財團法人某甲基金會」，甲所訂立的捐助章程裡面有特別註明，這筆錢的捐助目的，是要幫助貧困兒童就學及營養午餐，後來基金會成立之後，甲發現董事會都把錢拿去炒作土地，並且開立假收據給企業逃漏稅，甲好幾次要求基金會要按照捐助目的行事，基金會都不理不睬，甲於是對基金會發出存證信函，主張他贈與基金會的錢是附有負擔的，而基金會受到贈與卻不履行「幫助貧困兒童就學及營養午餐」的負擔，所以甲依照民法第 412 條第 1 項的規定撤銷捐助，並且得依照同法第 419 條第 2 項的規定，要求基金會把甲當初捐助的錢還給甲。請問：

> 甲的主張有沒有道理?

　　民法第 60 條第 1 項規定:「設立財團者,應訂立捐助章程。但以遺囑捐助者,不在此限。捐助章程,應訂明法人目的及所捐財產」。民法唯一提到「捐助」兩個字的,就是財團的捐助。財團是指「財團法人」,不是社會上所講的「企業財團」,而是有人或有些人把一些財產捐出來,成立一個財團法人,所以財團法人是以一定的財產為基礎,捐助人不是財團的組成分子,因為財團法人不像社團法人是人所構成的集合,財團法人是財產所構成的,並且財團法人一定是為了公共利益所成立的,絕對不是為了捐助人個人的私人利益或少數人的私人利益。所以,捐助人把財產捐出來,並沒有針對特定的對象 (但是有可能是針對特定的族群,例如:關懷失智老人、關懷原住民等)。然捐助行為不是捐助給特定人士,因此就不是捐助人與被捐助人雙方意思表示合致的契約行為,從而不是贈與行為,因為贈與行為一定是契約行為。

　　由此可知,捐助行為雖然是一種意思表示,但沒有意思表示的相對人,因為對象還不特定,所以是一種單獨意思表示、單獨行為,因此前面各章所敘述的贈與的成立及生效、贈與的效力及贈與的撤銷與拒絕履行等等的規定,當然不可以直接適用在捐助行為。

　　或許有人會問說,我把錢「捐助」給貧苦的人,他也接受了,難道這不是契約行為嗎? 其實這在民法上是「贈與」,不是「捐助」,社會上很多人把贈與講成是捐助,但是在法律上要非常嚴格地區分。另外,有時會有人出來發起募捐,例如:報紙上會刊登某某貧戶非常需要社會大眾的救濟,希望大家慷慨解囊,並且設立「某某報愛心專戶」,其實這是由報社發起的勸募,讀者看到報紙,覺得某某貧戶很可憐,就捐款到那個愛心專戶應募,但是捐款的讀者和報社之間,不是成立贈與契約,因為讀者雖然是把錢匯到報社的愛心專戶,但並不是要捐給報社本身的,讀者和報社之間的關係,應該是信託關係。信託法第 1 條規定:「稱信託者,謂委託人將財產權移轉

或為其他處分，使受託人依信託本旨，為受益人之利益或為特定之目的，管理或處分信託財產之關係」，因此讀者是委託人，先把財產移轉讓與給報社，報社就成為受託人，而有義務按照當初募集這個財產的目的，也就是將錢捐給這個貧戶的信託本旨，來使用這筆財產，讀者為了這個貧戶的利益，把財產信託給報社，讀者和報社之間只是信託關係，不是贈與關係，報社為了利益貧戶的特定目的，先匯集、管理這些財產，再把大家信託給報社的財產，贈與給這個貧戶（處分信託財產），報社和貧戶之間才是贈與契約關係。如果讀者看到報紙，覺得貧戶可憐，直接就把財產送到這個貧戶家給這個貧苦的人，這時讀者才是和這個貧苦的人直接成立贈與契約。

　　捐助行為雖然是一種意思表示，但沒有意思表示的相對人，所以是一種單獨意思表示、單獨行為，因此有關贈與的成立及生效、贈與的效力及贈與的撤銷與拒絕履行等等的規定，包括民法第 412 條及第 419 條，當然不可以直接適用在捐助行為，所以即使財團法人違反捐助章程，甲仍然不可以依照民法第 412 條第 1 項的規定撤銷捐助，也不可以依照民法第 419 條第 2 項的規定要求返還不當得利。如果甲所捐助的財團法人之董事有炒作土地或協助逃漏稅的實據，只能向行政監督的主管機關或稅捐稽徵機關舉發，或向地方法院檢察署告發董事違反稅捐稽徵法，而不得要求該財團法人返還捐助財產。

第二節　遺　贈

　　乙生了重病，但是頭腦還很清楚，知道自己快要死了，就立下自書遺囑（民法第 1189 條第 1 款、第 1190 條），說死後

要把一部分財產送給畢生的恩人丙。乙病逝後，丙才知道乙竟然在遺囑裡面寫到要將一部分遺產送給他，於是就向乙的繼承人要求給付這些財產，乙的繼承人說贈與是雙方行為，乙要送財產給你時，你沒有同意接受，所以贈與契約不成立，現在乙死了，更不可能成立贈與契約，所以我們繼承人並沒有義務要把這些財產給你丙。請問，誰有理由？

遺贈是立下遺囑的人，在遺囑裡面表示把他的財產無償給予受贈人的單獨行為，不需要受贈人同意接受遺贈，只是遺贈人在自己的遺囑裡面，寫到要把財產送給受遺贈人，遺贈人在寫的時候，甚至寫完一直到死，受遺贈人可能都不知情，所以和贈與契約是雙方意思表示的合致行為不同，而是遺贈人的單獨意思表示。但因為遺贈是用遺囑表示，所以是「要式」行為，如果不符合民法第 1189 條到第 1198 條所規定的遺囑方式，依照民法第 73 條的規定，遺贈無效。遺贈既然僅僅是單獨意思表示，所以民法關於贈與的規定，當然不可以直接適用在遺贈的情形。

依照民法第 1199 條：「遺囑，自遺囑人死亡時，發生效力」，而民法第 1201 條規定：「受遺贈人於遺囑發生效力前死亡者，其遺贈不生效力」，因此反過來說，遺贈人死亡時，受遺贈人如果還活著時，遺贈就發生效力，受遺贈人就可以向繼承人要求履行遺贈的義務，不論受遺贈人自己知不知道受到遺贈，更不需要遺贈人和受遺贈人之間有什麼贈與契約。唯一的例外，是受遺贈人要求繼承人給付遺贈財產，不可以侵害繼承人的特留分。特留分是指繼承開始時，法律強制被繼承人必需保留一定比例的遺產給一定身分的繼承人❶，這是基於道義人情、扶養被繼承人近親的社會利益保

---

❶ 民法第 1187 條：「遺囑人於不違反關於特留分規定之範圍內，得以遺囑自由處分遺產」；民法第 1223 條規定：「繼承人之特留分，依左列各款之規定：一、直系血親卑親屬之特留分，為其應繼分二分之一。二、父母之特留分，為其應繼分二分之一。三、配偶之特留分，為其應繼分二分之一。四、兄弟姊妹之特留分，為其應繼分三分之一。五、祖父母之特留分，為其應繼分三分之一」；

護及維持家制的要求，因此遺贈不能侵害特留分，所以民法第 1225 條規定：「應得特留分之人，如因被繼承人所為之遺贈，致其應得之數不足者，得按其不足之數由遺贈財產扣減之。受遺贈人有數人時，應按其所得遺贈債額比例扣減」。

解析

　　遺贈是單獨行為，不需要受贈人同意接受遺贈，只是遺贈人自己在遺囑裡，寫到要把財產送給受遺贈人而已，所以和贈與契約是雙方意思表示的合致行為不同，民法關於贈與的規定，當然不可以直接適用在遺贈的情形，所以不可以說遺贈人和受遺贈人沒有意思表示合致，就說沒有遺贈這回事。即使受遺贈人於遺贈人立下遺贈的遺囑時，不知道自己受到遺贈，仍然可以要求繼承人在特留分不受侵害的情形下，履行給付遺贈財產的義務。

　　民法第 1224 條：「特留分，由依第 1173 條算定之應繼財產中，除去債務額算定之」。

第二編

各種贈與的介紹

本書於第一編介紹完贈與的原理原則之後，接下來於第二編介紹贈與所呈現出的各種形態。它們原則上都適用第一編所介紹的贈與的原理原則，但又有各自的特性，稱為「特種贈與」，所以有必要分別說明。

在本編中將介紹附有負擔的贈與、定期給付的贈與、附有附款的贈與、死因贈與、現實贈與及混合贈與，其中附有負擔的贈與是規定在民法第412條至第414條，定期給付的贈與是規定在民法第415條，其他贈與之類型則是民法沒有特別明文規定，但是會出現在日常生活中的特種贈與。以下就針對這些特種贈與各自的特性加以介紹。

第一章
附有負擔的贈與

第一節　意　義

　　A 贈與給 B 一棟價值新臺幣（下同）五百萬元的房屋，但是約定 B 必須在民國 95 年 1 月 1 日前把所開設的職業賭場轉讓給 A。B 拿到 A 贈與的五百萬元房屋之後，卻沒有在民國 95 年 1 月 1 日把賭場轉讓給 A。請問：A 可不可以向 B 請求移轉賭場？

　　附有負擔的贈與，是指受贈人負有一定給付的義務（約款）❶，這個

---

❶ 最高法院 32 年上字第 2575 號判例：「所謂附有負擔之贈與，係指贈與契約附有約款，使受贈人負擔應為一定給付之債務者而言。必其贈與契約附有此項約

給付義務，與他所接受的贈與財產是不是相當，在所不問。一般的贈與，贈與人是無條件給予受贈人財產，所以是無償契約，但是附有負擔的贈與，贈與人有可能會獲得好處，受贈人也必然有給付義務，所以是有償契約，而且一定是雙務契約。

第一項　負擔的性質

　　負擔在性質上是一種「附款」。什麼是「附款」？法律行為是基於一定的意思表示，當事人為一定的意思表示後，原則上法律行為就發生效力，因而達到當事人所要發生的法律效果，但是有時當事人基於某種考慮，不希望法律行為立即發生法律效力，或不希望已經發生的法律效力繼續有效，所以就對法律行為的效力加以限制，這個限制就是法律行為的「附款」，附款包括「條件」、「期限」及「負擔」三種❷。贈與的法律行為，則是贈與人及受贈人意思表示合致，本來契約成立就馬上發生效力，因而達到贈與人要贈送財產給受贈人的法律效果，但是就附有負擔的贈與而言，贈與人希望受贈人拿到贈與財產之後，可以履行所負擔的義務，如果受贈人沒有履行負擔，贈與人就不希望贈與契約繼續有效，所以就對贈與契約的效力加以限制，也就是如果受贈人沒有履行負擔，贈與人就可以撤銷贈與契約。

　　贈與的「條件」與「負擔」，都是贈與契約的「附款」，也就是說，贈與契約一定已經成立，但是在效力方面有所保留，如果是停止條件，是在停止條件發生時，贈與契約自動生效，如果是解除條件，是條件發生時，贈與契約自動失效，而在附有負擔的贈與，如果單純只是受贈人沒有履行負擔，贈與契約不會自動失效，還需要贈與人將撤銷贈與契約的意思表示送達到受贈人，贈與契約才失去效力❸。

款，而受贈與人，於贈與人已為給付後不履行其負擔時，贈與人始得依民法第412條第1項之規定撤銷贈與」。

❷　施啟揚，《民法總則》，著者自版，民國76年4月，頁264。並請參閱本書第一編第一章第六節第三項的說明。

❸　最高法院84年度臺上字第482號判決：「查附條件之贈與與附負擔之贈與，並

受贈人既然有義務要去履行負擔，負擔因而成為贈與契約的一部分，負擔的內容，如果違反公共秩序、善良風俗或法律的強行規定，不但負擔無效，整個贈與契約也是無效的（民法第 71、72、111 條前段）。例如：甲男與乙女不是夫妻，甲贈與給乙一棟房子，約定乙女每週要和甲發生性關係，這個附有「每週與甲發生性關係」負擔的贈與契約，因為違反社會善良風俗，所以無效。

第二項　負擔的內容

負擔是受贈人有一定的給付義務，但是這個給付，不一定是有財產上的價值，而且不論是作為或是不作為，都可以成為負擔的內容（民法第 199 條第 2、3 項）。例如：丙贈與丁一輛跑車，但是約定丁的房屋不可以加蓋增高，以免擋到丙從自家房屋陽臺觀賞海景的視野。又例如訂婚的聘禮，也是一種負擔，女方收到聘禮，就有義務要和男方結婚，「結婚」於是成為男方贈與女方聘禮的負擔，而且這個負擔不是財產上的給付，而是身分上的給付，但是這個負擔不能強制執行，如果女方拒絕履行與男方結婚的負擔，男方只能依照民法第 412 條第 1 項及第 419 條第 2 項的規定撤銷贈與，並且請求返還贈與財產❹或依照民法第 979 條之 1 規定，請求他方返還贈

不相同，無論附停止條件或附解除條件之贈與，贈與契約均已成立，僅於條件成就時，使契約發生效力或失其效力而已；而附負擔之贈與，乃使受贈人負擔應為一定給付之債務，必受贈人，於贈與人已為給付後不履行其負擔時，贈與人始得依民法第 412 條第 1 項之規定撤銷贈與。原審認定被上訴人之贈與，係附有受贈人應於 79 年 7 月 15 日前完成所負擔之義務始生效力之條件云云，將負擔與條件混淆不分，已有未合。且如係認為附條件之贈與或附負擔之贈與，贈與契約應已成立，惟原審竟又認定雙方當事人就贈與契約之意思表示並未一致，贈與契約尚未合法成立云云，更屬前後矛盾」。

❹ 最高法院 47 年臺上字第 1469 號判例：「婚約之聘金，係負有負擔之贈與，上訴人既不願履行婚約，則依民法第 412 條第 1 項，第 419 條第 2 項，被上訴人自得撤銷贈與，請求返還原贈與財物，縱解除婚約之過失責任係在被上訴人，亦僅生賠償之問題，不能為拒絕返還之論據」。

與物。

依照民法第 979 條之 1 規定，請求他方返還贈與物有下列情形：一、無效婚約，例如：訂婚時，訂婚的人心神喪失，也就是失去意識的情形，或弄錯訂婚對象的情形，或兩個人講好表面上假訂婚，實際上沒有真的要訂婚的情形、或與民法第 983 條規定不可以結婚的人訂婚的情形、或已經有配偶的人，再去和第三人訂婚的情形、或一個人同時與二個以上的人訂婚的情形，都是無效的婚約。無效的意思，就是對任何人而言，這個婚約從頭到尾都是無效的（自始、客觀無效），不需要等待法院判決才無效（當然無效），而且沒有復活變成有效的機會（確定無效），就跟沒有訂過這個婚約是一樣的。然而，最高法院認為沒有達到民法第 973 條所規定的年齡就訂婚，婚約無效❺，沒有得到法定代理人的同意就訂婚的婚約也無效❻，但是學者一般都認為，這兩種情形和民法第 989 條規定的結婚沒有達到最低年齡的情形，以及民法第 990 條規定的結婚沒有得到法定代理人同意的情形差不多，既然情形相類似，應該要比照辦理（類推適用），所以這兩種情形，應該要分別類推適用民法第 989 條、第 990 條的規定，可以由訂婚的人或法定代理人撤銷婚約❼。二、撤銷婚約，例如：沒有達到民法第 973條所規定的年齡就訂婚，以及沒有得到法定代理人的同意就訂婚。另外，訂婚的一方，在訂婚時沒有辦法和別人發生性行為（不能人道）的情形（類

---

❺ 最高法院 32 年上字第 1098 號判例：「依民法第 973 條之規定，男未滿 17 歲，女未滿 15 歲者，不得訂定婚約，訂定婚約違反此規定者自屬無效」。

❻ 最高法院 33 年上字第 1723 號判例：「婚約應由男女當事人自行訂定，民法第 972 條定有明文，其由父母代為訂定者當然無效。且婚約為不許代理之法律行為，縱令本人對於父母代訂之婚約為承認，亦不適用關於無權代理行為得由本人一方承認之規定，如由當事人雙方承認，應認為新訂婚約」；最高法院 33 年上字第 6127 號判例：「民法第 979 條第 1 項所謂前條情形，即第 978 條所定婚約當事人之一方，無解除婚約之理由，而違反婚約之情形，父母為未成年子女訂定之婚約本屬無效，其子女否認該項婚約並不發生違反婚約之問題。他方自無援用民法第 979 條第 1 項請求賠償之餘地」。

❼ 戴炎輝、戴東雄，《親屬法》，著者自版，民國 91 年 8 月，頁 62、63。

推適用民法第 995 條)、訂婚是被詐欺、脅迫的情形 (類推適用民法第 997 條)，以及監護人和被他 (她) 監護的人訂婚的情形 (類推適用民法第 991 條)，都可以撤銷婚約。

　　故負擔如果有財產上的價值，不一定要和贈與財產的價值相當，負擔的價值可以高於贈與財產的價值，也可以低於贈與財產的價值，但是負擔如果高於贈與財產的價值，對於超過的部分，依照民法第 413 條:「附有負擔之贈與，其贈與不足償其負擔者，受贈人僅於贈與之價值限度內，有履行其負擔之責任」的規定，受贈人並沒有履行負擔的責任，這是因為法律講求當事人之間權利義務的對等，認為受贈人所要付出的內容，不應該超過他所得到的好處。另外，負擔不見得對贈與人有好處，有可能是對受贈人、第三人或公共利益有好處。例如:戊贈與己新臺幣 (下同) 十萬元，但是約定己必須在一年以內把整部《論語》給背起來，讓己能夠修身養性，或約定己必須去幫孤兒院打掃三次，做一些社會公益的工作。

　　A 贈與 B 一棟價值新臺幣五百萬元的房屋，但是約定 B 必須在民國 95 年 1 月 1 日前移轉賭場給 A。因為賭博是法律明文禁止的犯罪行為 (刑法第 268 條)，所以 A 與 B 的贈與契約，所約定的「移轉賭場給 A」的負擔違反善良風俗，整個贈與契約都無效，包括這個負擔的約定也無效 (民法第 71、72 條)，所以 A 不可以要求 B 移轉賭場。A 贈送給 B 五百萬元的房屋，不會白白損失，因為贈與契約無效，B 收受 A 贈與的房屋，並沒有法律上的原因，B 沒有法律上的原因而受有 A 五百萬元的利益，所以 A 可以依照民法第 179 條的不當得利之規定要求 B 返還房屋。

第二節 附有負擔贈與的效力

案 例

> C 與 D 約定，由 C 贈與給 D 新臺幣（下同）二十萬元，但是 D 必須要從民國 95 年 1 月 1 日開始，把 D 的一輛跑車無償借給 C 用來環島旅行，這個贈與契約並且經過公證。等到民國 95 年 1 月 1 日屆至時，C 沒有把二十萬元送給 D，理由是 D 沒有把車借給 C。當 D 向 C 要求給付這二十萬元時，C 拒絕給付是不是有理由？

贈與附有負擔，受贈人就有義務要去履行負擔，如果受贈人不履行負擔，就會有責任的問題。以下就這兩方面說明附有負擔的贈與效力。

第一項 受贈人有義務履行負擔

第一款 請求受贈人履行義務的要件

受贈人如果不履行負擔，依照民法第 412 條第 1 項：「贈與附有負擔者，如贈與人已為給付而受贈人不履行其負擔時，贈與人得請求受贈人履行其負擔，或撤銷贈與」的規定，贈與人可以請求受贈人履行負擔，但是前提要件，是贈與人必須已經把贈與財產移轉給受贈人，才有資格要求受贈人履行負擔，如果贈與財產還沒有移轉，贈與人就沒有權利要求受贈人履行負擔。亦即贈與人必須先把贈與財產移轉給受贈人，不能夠要求在移轉贈與財產的同時，受贈人也必須履行負擔，也就是說，雖然贈與人有義務要把贈與財產移轉給受贈人，受贈人也有義務要去履行負擔，但是贈與人仍然沒有民法第 264 條第 1 項：「因契約互負債務者，於他方當事人未為對待

給付前，得拒絕自己之給付」的同時履行抗辯權，因為依照民法第 412 條第 1 項的規定，贈與人必須已經移轉贈與財產，才能要求受贈人履行負擔，所以依照民法第 264 條第 1 項但書「但自己有先為給付之義務者，不在此限」的規定，贈與人不可以要求受贈人同時履行負擔。

其次，只要受贈人沒有履行負擔，本項第三款所說的可以要求受贈人履行負擔的主體，就可以要求受贈人履行負擔，不管受贈人是不是有過失或是不是可以被歸責（民法第 220 條）**❽**，至於受贈人不履行負擔所要負的責任，以及履行負擔的瑕疵擔保責任，則必須要具備可以被歸責的事由（詳如後述）。

第二款　受贈人履行負擔義務的限度

贈與人當初贈與受贈人財產時，就已約定受贈人要履行負擔，依民法第 413 條規定，受贈人在贈與財產的價值限度內，有義務履行負擔，受贈人如果不履行，就有責任的問題。超過贈與財產價值限度的負擔，因為受贈人沒有義務非要履行不可，所以受贈人如果不履行，也不會有責任。

第三款　要求受贈人履行負擔的主體

在受贈人有義務履行負擔的限度內，誰有權利請求受贈人履行負擔？贈與人是贈與財產給受贈人的人，當然有權利要求受贈人履行負擔。如果贈與人及受贈人約定第三人為受益人，並且約定這個第三人可以直接請求受贈人履行負擔，那麼這個第三人也有權利請求受贈人履行負擔。比較特殊的情形，是負擔的目的是公共利益，依照民法第 412 條第 2 項「負擔以公益為目的者，於贈與人死亡後，主管機關或檢察官得請求受贈人履行其負擔」的規定，原則上還是只有贈與人有權利要求受贈人履行負擔，但是如果贈與人死亡，主管機關及檢察官都有權利要求受贈人履行負擔，因為主管機關及檢察官都代表國家的公共利益，當負擔的目的是公益時，就有責任要求受贈人履行負擔。例如：庚與辛訂立贈與契約，由庚贈與辛一百

---

❽　邱聰智，《新訂債法各論》，元照出版，民國 91 年 10 月初版一刷，頁 294。

萬元，但是同時約定，辛必須立即將名下坐落某地號的土地一筆，無償永
久借給某縣立王國民小學當作興建教室的土地，以嘉惠地方上之莘莘學子，
如果辛拿到這一百萬元，遲遲無故不肯把那筆土地借給王小學，只有庚有
權利要求辛履行把那筆土地借給王小學的負擔，如果庚過世，主管機關縣
政府教育局及地方法院檢察署檢察官，就可以要求辛履行負擔，並且可以
用自己的名義當作是原告，起訴請求被告履行負擔，這是「法定的訴訟擔
當」，也就是說主管機關或檢察官雖然不是贈與契約的當事人，但是法律特
別規定他可以用自己的名義提出請求或起訴。當然，如果取得確定勝訴判
決，為原告的主管機關或檢察官，更可以對受贈人聲請強制執行。

第二項　受贈人不履行負擔的責任

第一款　撤銷贈與

第一目　撤銷贈與之要件

受贈人如果不履行負擔，依照民法第 412 條第 1 項：「贈與附有負擔者，
如贈與人已為給付而受贈人不履行其負擔時，贈與人得請求受贈人履行其
負擔，或撤銷贈與」的規定，贈與人可以撤銷贈與，但前提是贈與人必須
已經把贈與財產移轉給受贈人，才有資格撤銷贈與，如果贈與財產還沒有
移轉，贈與人就沒有權利撤銷贈與。

其次，民法第 412 條第 1 項所講的「不履行」，必須是受贈人有可歸責
的事由，而導致給付不能、不完全給付、給付遲延（民法第 220 條、第 227
條、第 231 條）。至於受贈人是不是可以歸責，是依照民法第 220 條第 1 項
規定：「債務人就其故意或過失之行為，應負責任」，在受贈人應履行負擔
的限度內，即使受贈人有抽象輕過失，撤銷權的主體還是可以撤銷，而不
能適用民法第 410 條：「贈與人僅就其故意或重大過失，對於受贈人負給付
不能之責任」的規定，因為民法第 410 條是規定贈與人的責任，而不是受
贈人的責任，而且民法第 410 條規定減輕贈與人的責任，是因為贈與是無

償的，但負有負擔的贈與人是有償的，所以責任不能減輕。

第二目　撤銷權的行使

依照民法第 419 條第 1 項規定：「贈與之撤銷，應向受贈人以意思表示為之」，關於撤銷權的行使，只要贈與人向受贈人以意思表示即可撤銷贈與，至於意思表示方法，如以口頭（當面以言語、打電話、視訊等）、書面（發簡訊、E-mail、存證信函等），均無不可。

第二款　撤銷後的效果

撤銷贈與之後，受贈人保有贈與財產的法律上原因（贈與契約）就溯及既往不存在（民法第 114 條），所以依照民法第 419 條第 2 項：「贈與撤銷後，贈與人得依關於不當得利之規定，請求返還贈與物」的規定，贈與人可以依照不當得利的規定（民法第 179 條以下）向受贈人請求返還贈與財產。

第三項　受贈人的瑕疵擔保責任

第一款　直接適用買賣瑕疵擔保責任

在附有負擔的贈與，在受贈人受到贈與的限度內，受贈人是有償而不是無償的，既然受贈人受到好處，自然要對他履行負擔的內容負責，如果負擔沒有履行或沒有完全按照當初與贈與人的約定去履行，受贈人因而就要負責，因為贈與人把財產送給受贈人，而受贈人在受贈與的限度內，必須去履行負擔，跟做買賣很像，差別只是不能同時履行而已，贈與契約的雙方其實是在交換利益，是有償的，所以受贈人在贈與的限度內，對於負擔的履行要負瑕疵擔保責任，是依照民法第 347 條的規定準用買賣瑕疵擔保的規定。

第二款　瑕疵擔保責任的內容

第一目　物之瑕疵擔保責任

依民法第 354 條規定：「物之出賣人對於買受人，應擔保其物依第 373 條之規定危險移轉於買受人時無滅失或減少其價值之瑕疵，亦無滅失或減少其通常效用或契約預定效用之瑕疵。但減少之程度，無關重要者，不得視為瑕疵（第 1 項）。出賣人並應擔保其物於危險移轉時，具有其所保證之品質（第 2 項）」。受贈人所給付的負擔，如果是有形的財產，這個有形的財產在移轉給贈與人或和贈與人約定的第三人時，在品質、效用、功能方面，沒有達到一般該有的標準，或是品質和當初贈與契約的約定不符，造成價值減少，或是沒有一般的效用、功能，或效用、功能和當初贈與契約的約定不符合，而且不符合的程度不輕，就是有「物之瑕疵」，依前揭說明，在受贈人受到贈與的限度內，受贈人就要負跟買賣契約出賣人一樣的物之瑕疵擔保責任。

民法第 359 條規定：「買賣因物有瑕疵，而出賣人依前五條之規定，應負擔保之責者，買受人得解除其契約或請求減少其價金。但依情形，解除契約顯失公平者，買受人僅得請求減少價金」，民法第 360 條規定：「買賣之物，缺少出賣人所保證之品質者，買受人得不解除契約或請求減少價金，而請求不履行之損害賠償；出賣人故意不告知物之瑕疵者亦同」。民法第 359 條、第 360 條關於出賣人物之瑕疵擔保責任的規定，要怎麼樣適用到附有負擔的贈與受贈人，有說明的必要：

一、減少價金

民法之所以要求受贈人在受到贈與財產價額的限度內，對贈與人負瑕疵擔保責任，是希望贈與人的贈與和受贈人給付的負擔，彼此價值要相當，所以當受贈人給付的負擔有物之瑕疵時，贈與人應該可以要求受贈人返還或減少給付相當於負擔瑕疵部分的贈與。例如：甲贈與乙二十四萬元，約定乙的負擔是，乙必須從民國 97 年 1 月 1 日起，把名下的某棟房屋無償借

給丙居住一年，但是房屋嚴重漏水，造成丙價值三十萬元的名貴傢俱毀損。這時，房屋漏水的部分，乙必須要負物之瑕疵擔保責任，如果甲、乙之間對於乙應該要依照民法第 359 條給付甲多少價金有所爭執，可以約定由專業鑑定機構鑑定，有這種漏水情形的房屋，每月的租金通常會減少多少錢，如果鑑定出來，每月租金應該要減少二千元，那麼甲就可以依照民法第 359 條的規定要求乙給付一年的減少租金二萬四千元，如果甲、乙當初訂立贈與契約時，約定受負擔給付的丙，也可以要求乙負瑕疵擔保責任，則丙也可以要求乙給付這二萬四千元，而甲、丙變成是「連帶債權」，依照民法第 286 條「因連帶債權人中之一人，已受領清償、代物清償、或經提存、抵銷、混同而債權消滅者，他債權人之權利，亦同消滅」的規定，乙只要向甲、丙任何一位付滿二萬四千元，或是向甲、丙所給付的金額，總共加起來是二萬四千元，這時乙依照民法第 359 條所要給付的價金，就算是履行義務完畢了，不管甲或丙每人得到的是多少錢。至於丙價值三十萬元的名貴傢俱受到損失的部分，就不是「物之瑕疵擔保責任」的問題，而是對於丙原本就有的財產（固有財產）加害給付的問題，其法律依據是民法第 227 條第 2 項規定：「因不完全給付而生前項以外之損害者，債權人並得請求賠償」，加害給付的損害賠償，不以乙所受到的贈與價額為限，有多少損害就應該要有多少賠償，所以對於丙名貴傢俱受損的部分，雖然乙只受到甲贈與二十四萬元，仍然要負擔丙名貴傢俱因為房屋漏水而受損害的三十萬元加害給付的損害賠償。對於這三十萬元加害給付損害賠償的部分，甲、丙仍然是連帶債權（但前提是甲、乙有約定第三人丙可以直接要求乙負瑕疵擔保責任，如果沒有這樣的約定，則乙只對甲負責，也只有甲可以要求乙負擔瑕疵擔保責任及加害給付的損害賠償責任）。

二、解除契約或損害賠償

以前面甲贈與乙二十四萬元，約定乙必須負擔從民國 97 年 1 月 1 日起，把名下的某棟房屋無償借給丙居住一年，但是房屋嚴重漏水，造成丙價值三十萬元的名貴傢俱毀損的例子來說，為了使贈與人的贈與和受贈人給付的負擔彼此價值相當，或使贈與人及受贈人彼此都不吃虧，依照民法

第 360 條的規定，甲還可以解除契約或請求乙負損害賠償責任。解除契約，是甲因為乙給付負擔的物之瑕疵，而解除甲及乙之間的贈與契約，贈與契約解除之後，乙保有甲贈與的財產，就失去了法律上的原因，所以甲可以要求乙把當初甲贈與給乙的贈與財產，依照民法第 179 條的規定返還給甲，而乙也不需要再履行負擔，已經履行的部分，也算是甲的不當得利，甲也要返還給乙。例如：甲贈與乙二十四萬元，乙借給丙該房屋一年，相當於每月租金二萬元，丙已經用了該棟房屋三個月，本來價值相當於六萬元，但是因為漏水，價值相當於每月一萬八千元，三個月五萬四千元，這五萬四千元是甲的不當得利，甲在解除契約後，必須要依照民法第 179 條的規定返還給乙。當然，甲如果不解除契約，依照民法第 360 條的規定，甲可以要求乙損害賠償，這時就跟甲依照民法第 359 條要求乙減少價金的情形一樣，甲向乙請求的是每月減少二千元的金錢。無論甲解除契約或要求乙損害賠償，一樣不影響乙對於丙加害給付部分的損害賠償責任。

民法第 365 條規定：「買受人因物有瑕疵，而得解除契約或請求減少價金者，其解除權或請求權，於買受人依第 356 條規定為通知後六個月間不行使或自物之交付時起經過五年而消滅（第 1 項）。前項關於六個月期間之規定，於出賣人故意不告知瑕疵者，不適用之（第 2 項）」。因此負擔財產如果有物之瑕疵，贈與人必須在通知受贈人該負擔財產有瑕疵時起算六個月內，或是受贈人把給付負擔的財產移轉給贈與人或第三人時起算五年之內，解除贈與契約或請求受贈人交付應該要減少的價金。如果受贈人明明知道給付負擔的財產有物之瑕疵，卻故意隱瞞，收到受贈人履行負擔給付財產的贈與人或第三人，即使沒有在通知受贈人該財產有瑕疵時起算六個月內解除契約或請求應該要減少的價金，還是可以主張解除契約或請求應該要減少的價金，但是必須要在受贈人把給付負擔的財產移轉給贈與人或第三人時起算五年之內，主張解除契約或請求應該要減少的價金。

第二目　權利瑕疵擔保責任

受贈人所給付的負擔，如果有財產上的價值，並且上面存在有別人的

權利，是受贈人當初給付時所保證沒有的，就表示有「權利瑕疵」，依照前面的說明，在受贈人受到贈與的限度內，受贈人要負跟買賣契約出賣人一樣的權利瑕疵擔保責任。民法第 353 條規定：「出賣人不履行第 348 條至第 351 條所定之義務者，買受人得依關於債務不履行之規定，行使其權利」，同法第 349 條規定：「出賣人應擔保第三人就買賣之標的物，對於買受人不得主張任何權利」，而受贈人給付的負擔，如果有權利瑕疵，就應該要依民法第 353 條負權利瑕疵擔保的債務不履行損害賠償責任。而如何請求損害賠償，依照民法第 213 條：「負損害賠償責任者，除法律另有規定或契約另有訂定外，應回復他方損害發生前之原狀（第 1 項）。因回復原狀而應給付金錢者，自損害發生時起，加給利息（第 2 項）。第 1 項情形，債權人得請求支付回復原狀所必要之費用，以代回復原狀（第 3 項）」、同法第 214 條：「應回復原狀者，如經債權人定相當期限催告後，逾期不為回復時，債權人得請求以金錢賠償其損害」，及同法第 215 條：「不能回復原狀或回復顯有重大困難者，應以金錢賠償其損害」的規定，原則上受贈人要回復原狀，如果不行，贈與人可以要求受贈人損害賠償。例如：丁贈與戊二十四萬元，約定戊的負擔，是戊必須從民國 97 年 1 月 1 日起，把名下的某棟房屋無償借給己居住一年，但是這棟房屋早就被戊另外租給庚，而且戊與庚的租賃期間是從民國 97 年 1 月 1 日起 1 年，這段期間庚也一直使用，雖然該棟房屋狀況良好，沒有物之瑕疵，但因為第三人庚對於這棟房屋有租賃權，所以戊的負擔，有權利瑕疵，丁可以要求戊回復原狀，也就是排除庚的租賃權，戊可以找庚協調，讓庚不再繼續租賃這棟房屋，如果丁定了相當的期限，催促（催告）戊回復原狀，戊還是不理或戊與庚協調不成，丁就可以要求戊金錢賠償，通常丁贈與戊的財產，與戊負擔的給付會相當，就好像是丁用二十四萬元租金向戊租賃這棟房屋給己住一年，所以戊給付負擔有權利瑕疵，讓己一年都無法居住，就要賠償丁二十四萬元。

第三目　加害給付的擔保責任

在一般無償的贈與，受贈人如果因為贈與的財產有瑕疵，造成他原本

財產的流失或額外付出（固有財產的損害），而且這個瑕疵是贈與人所保證沒有的，或贈與人明明知道贈與財產有瑕疵，還把它拿來送給受贈人，這時贈與人還是要對受贈人負損害賠償責任，而且賠償沒有上限，要看受贈人財產損失多少而定。而在附有負擔的贈與，受贈人是有償的，如果他履行負擔有加害給付的情形，賠償當然也沒有上限，不以他所受到贈與的價值為限。

第四項　贈與人的瑕疵擔保責任

依照民法第 414 條規定：「附有負擔之贈與，其贈與之物或權利如有瑕疵，贈與人於受贈人負擔之限度內，負與出賣人同一之擔保責任」，因贈與人將財產送給受贈人，而受贈人在受贈與的限度內，必須去履行負擔，在負擔的範圍內，是有償契約，贈與人與受贈人互相交換利益，差別只是不能同時履行而已，所以贈與人對於贈與財產要負與買賣契約的出賣人相同的瑕疵擔保責任。關於贈與人瑕疵擔保責任的內容，和受贈人對於負擔的瑕疵擔保責任大致相同。茲說明如次：

第一款　物之瑕疵擔保責任

第一目　減少價金

民法第 414 條之所以要求贈與人在受贈人負擔的限度內，對受贈人負瑕疵擔保責任，是希望贈與人的贈與和受贈人給付的負擔，彼此價值要相當，所以當贈與人給付的贈與財產有物之瑕疵時，受贈人應該可以要求贈與人給付相當於贈與財產瑕疵部分的價金。例如：甲贈與乙價值二十四萬元的重型機車一臺，約定乙的負擔是，乙必須從民國 97 年 1 月 1 日起，把名下的某棟房屋無償借給丙居住一年，但是該重型機車機件故障有瑕疵，造成乙必需花二萬元修護，而且因為機件故障的瑕疵，造成乙騎乘時發生車禍，付出三十萬元的醫藥費。這時，該重型機車機件故障的部分，甲必須要負物之瑕疵擔保責任，乙可向甲請求二萬元修理費。至於乙付出三十

萬元的醫藥費損失的部分，就不是「物之瑕疵擔保責任」的問題，而是對於乙原本就有的財產（固有財產）加害給付的問題，加害給付的損害賠償，不以乙所受到的贈與價額為限，有多少損害就應該要有多少賠償，雖然乙提供房屋給丙居住，一年的租金也只相當於二十四萬元，但甲仍然要負擔乙因為重型機車機件故障的物之瑕疵而受損害的三十萬元加害給付的醫藥費損害賠償。

第二目　解除契約或損害賠償

以前面甲贈與乙價值二十四萬元的瑕疵重型機車，約定乙必須負擔從民國 97 年 1 月 1 日起，把名下的某棟房屋無償借給丙居住一年的例子來說，為了使贈與人的贈與和受贈人給付的負擔彼此價值相當，或使贈與人及受贈人彼此都不吃虧，依照民法第 360 條的規定，乙還可以解除契約或請求甲負損害賠償責任。解除契約，是乙因為甲給付的物之瑕疵，而解除甲及乙之間的贈與契約，贈與契約解除之後，乙保有甲贈與的重型機車，就失去了法律上的原因，所以甲可以要求乙把當初甲贈與給乙的贈與財產即該臺重型機車，依照民法第 179 條的規定返還給甲，而乙也不需要再履行負擔，已經履行的部分，也算是甲的不當得利，甲也要返還給乙。例如：乙借給丙該房屋一年，相當於每月租金二萬元，丙已經用了該棟房屋三個月，本來價值相當於六萬元，乙在解除契約後，可依照民法第 179 條的規定要求甲返還六萬元。當然，乙如果不解除契約，依照民法第 360 條的規定，可要求甲損害賠償維修重機車的費用二萬元。無論乙解除契約或要求甲損害賠償，一樣不影響甲對於乙加害給付部分的損害賠償責任。

民法第 365 條規定：「買受人因物有瑕疵，而得解除契約或請求減少價金者，其解除權或請求權，於買受人依第 356 條規定為通知後六個月間不行使或自物之交付時起經過五年而消滅（第 1 項）。前項關於六個月期間之規定，於出賣人故意不告知瑕疵者，不適用之（第 2 項）」。因此贈與財產如果有物之瑕疵，受贈人必須在通知贈與人該贈與財產有瑕疵時起算六個月內，或是贈與人把贈與財產移轉給受贈人時起算五年之內，解除贈與契

約或請求贈與人交付應該要減少的價金。如果贈與人明明知道贈與財產有物之瑕疵，卻故意隱瞞，受贈人即使沒有在通知贈與人該財產有瑕疵時起算六個月內解除契約或請求應該要減少的價金，還是可以主張解除契約或請求應該要減少的價金，但是必須要在贈與人把贈與財產移轉給受贈人時起算五年之內，主張解除契約或請求應該要減少的價金。

第二款　權利瑕疵擔保責任

　　贈與財產上面存在有別人的權利，是贈與人當初給付時所保證沒有的，就表示有「權利瑕疵」，在負擔的限度內，贈與人要負跟買賣契約出賣人一樣的權利瑕疵擔保責任。民法第 353 條規定：「出賣人不履行第 348 條至第 351 條所定之義務者，買受人得依關於債務不履行之規定，行使其權利」，同法第 349 條規定：「出賣人應擔保第三人就買賣之標的物，對於買受人不得主張任何權利」，而贈與財產如果有權利瑕疵，就應該要依民法第 353 條負權利瑕疵擔保的債務不履行損害賠償責任。而如何請求損害賠償，依照民法第 213 條、第 214 條及第 215 條的規定，原則上贈與人要回復原狀，如果不行，受贈人可以要求贈與人損害賠償。例如：丁贈與戊價值二十四萬元的重型機車一臺，約定戊的負擔，是戊必須從民國 97 年 1 月 1 日起，把名下的某棟房屋無償借給己居住一年，但是這臺重型機車已被丁另外租給庚，而且丁與庚的租賃期間是從民國 97 年 1 月 1 日起一年，這段期間庚也一直使用，因為第三人庚對於這臺重型機車有租賃權，雖然這臺重型機車機件功能良好，沒有物之瑕疵，但是有權利瑕疵，戊可以要求丁回復原狀，也就是排除庚的租賃權，丁可以找庚協調，讓庚不再繼續租賃這臺重型機車，如果戊定了相當的期限，催促（催告）丁回復原狀，丁還是不理或丁與庚協調不成，戊就可以要求丁金錢賠償，通常丁贈與戊的財產，與戊負擔的給付會相當，就好像是丁用二十四萬元租金向戊租賃這棟房屋給己住一年，所以丁的贈與財產既然有權利瑕疵，讓戊一年都無法使用該臺重型機車，就要賠償戊該臺重型機車相當於一年的租金。

第三款　加害給付的擔保責任

　　贈與人明明知道贈與財產有瑕疵，還把它拿來送給受贈人，這時贈與人要對受贈人負損害賠償責任，而且賠償沒有上限，因此前例中甲明知重型機車有機件故障的瑕疵，仍然將之贈與給乙，造成乙車禍受傷付出三十萬元的醫藥費，雖然醫藥費超出甲贈與重型機車的價值，甲仍然要賠償乙該三十萬元的醫藥費。

　　依照民法第 412 條第 1 項：「贈與附有負擔者，如贈與人已為給付而受贈人不履行其負擔時，贈與人得請求受贈人履行其負擔，或撤銷贈與」的規定，贈與人可以請求受贈人履行負擔，但是前提要件，是贈與人必須已經把贈與財產移轉給受贈人，才有權利要求受贈人履行負擔，如果贈與財產還沒有移轉，贈與人就沒有權利要求受贈人履行負擔。而且贈與人必須先把贈與財產移轉給受贈人，不能夠要求在移轉贈與財產的同時，受贈人必須履行負擔。依照民法第 264 條第 1 項但書「但自己有先為給付之義務者，不在此限」的規定，贈與人不可以要求受贈人同時履行負擔。所以 C 要先把二十萬元移轉給 D 以後，才有權利向 D 要求履行把跑車借給 C 的負擔，如果 C 沒有把二十萬元送給 D，當 D 向 C 要求給付這二十萬元時，C 還是必須依照 C 與 D 之間的贈與契約把二十萬元移轉給 D，C 拒絕給付二十萬元是沒有理由的。

　　至於 C 與 D 之間贈與契約，雖然經過公證，但依民法第 408 條第 2 項規定不適用同條第 1 項贈與之任意撤銷規定，亦不得適用民法第 412 條第 1 項附負擔贈與之規定。

第二章
定期給付的贈與

　　A看見遠房親戚B年紀很大，沒有家人、身體不好而且沒有什麼錢，於是就與B訂立贈與契約，約定A每月送給B新臺幣（以下同）三萬元生活費，希望能照顧到B的晚年。這樣持續五年以後，A自己也結婚生了三個小孩，有限的薪水實在沒有辦法供給B每月三萬元，但是B不同意減少贈與，說A出爾反爾、沒有誠信等等的話，A於是就聲請法院裁判減少他每個月應該要贈與給B的金額為一萬元。請問：如果每月一萬元是A的經濟能力上限，A聲請法院裁判減少的請求是不是有理由？

　　定期給付的贈與，是持續每隔一段時間，例如每隔半年或一年，就會固定贈與定額的財產，也就是定期繼續給付財產的贈與，不像一般的贈與，是一次把贈與財產移轉給受贈人。定期給付，會持續多久？要看贈與契約當事人之間的約定，可以約定為無限期地永遠繼續下去，一直到贈與人或受贈人其中一人死亡為止。而定期給付的贈與，與一般一次性給付的贈與，有下列不同之處：

第一節　有情事變更原則的適用

　　因為定期給付的贈與，會持續一段期間，在這段時間中，贈與當事人的情況或環境，可能會發生重大的變化，而且這個重大變化，是訂立贈與

契約當時所沒有辦法預料的，因此就有民法第 227 條之 2 第 1 項：「契約成立後，情事變更，非當時所得預料，而依其原有效果顯失公平者，當事人得聲請法院增、減其給付或變更其他原有之效果」規定的適用，法院可以按照客觀情況的變化，變更贈與契約原來的法律效果，例如：贈與人與受贈人約定，贈與人每半年就送給受贈人十萬元當做生活費，但是贈與契約訂立三年後，贈與人因為被人倒債，導致經商失敗，經濟情況大不如前，就可以依照民法第 227 條之 2 第 1 項的規定，請求法院減少他每半年送給受贈人的錢，例如減為每半年給付五萬元。

　　另外，如果贈與財產還沒有移轉，除非是經過公證的贈與，或贈與是為了履行道德上的義務，否則贈與人可以依照民法第 408 條的規定撤銷贈與，所以贈與人不但可以依照民法第 227 條之 2 第 1 項的規定聲請法院裁判減少未來的給付，也可依照民法第 408 條的規定，撤銷往後的贈與。

第二節　贈與當事人死亡的問題

　　因為定期給付的贈與，會持續一段期間，在此段期間，除了客觀情事會發生變化之外，贈與人和受贈人本身也會發生變化，也就是主觀的變化。這個主觀的變化，可能會造成客觀的變化，例如：贈與人本身突然感染重病，為了醫療費用導致傾家蕩產，而沒有錢可以拿來送給受贈人。

　　在定期給付贈與的期間，贈與人和受贈人最大的主觀變化，就是死亡。如果受贈人在這段期間內死亡，贈與人要把財產送給誰？如果贈與人在這段期間內死亡，贈與人的繼承人是不是要繼續給付受贈人財產？依照民法第 415 條規定：「定期給付之贈與，因贈與人或受贈人之死亡，失其效力。但贈與人有反對之意思表示者，不在此限」，也就是說，如果受贈人死亡，定期贈與契約失去效力，贈與人就可以不用繼續給付贈與財產，但是如果贈與人還是願意繼續給付贈與財產給受贈人的繼承人，也無不可，定期給付贈與依然有效。如果是贈與人死亡，雖然定期給付贈與的權利義務法律關係，依照民法第 1148 條：「繼承人自繼承開始時，除本法另有規定外，

承受被繼承人財產上之一切權利、義務。但權利、義務專屬於被繼承人本身者，不在此限」的規定，本來是由贈與人的繼承人繼承贈與財產的義務，但是依照民法第 415 條的特別規定（民法第 1148 條所謂的「本法另有規定」），原則上定期給付的贈與失去效力，贈與人的繼承人沒有義務繼續這個定期給付的贈與。這也可以解釋為：定期給付的贈與，具有人格信賴關係，專屬於贈與人或受贈人本身，贈與人原則上只想送給這個受贈人，而不想送給別人，而在法理上可解釋為「一身專屬權」。所以依照民法第 1148 條第一項但書的規定，繼承人原則上不得繼承定期給付的贈與債權、債務關係。

第三節　短期消滅時效的適用

民法第 126 條規定：「利息、紅利、租金、贍養費、退職金及其他一年或不及一年之定期給付債權，其各期給付請求權，因五年間不行使而消滅」，如果定期給付的贈與，所固定給付的期間，是每隔一年或不到一年就要給付一次贈與財產，每一期的給付從到期時開始起算，它的請求權消滅時效是五年，如果超過五年，受贈人才來要求贈與人給付贈與財產，贈與人可以依照民法第 144 條第 1 項的規定，主張時效已經完成，而拒絕這一期的給付。因為每一期的到期時間不同，時效起算時間也不同，因此時效完成的時間也不一樣。

因為 A 與 B 之間定期給付的贈與，會持續到 B 死亡為止，在這段期間，A 的情況或環境，如果發生重大的變化，而且這個重大變化，是 A 與 B 在訂立贈與契約當時無法預料的，A 可以依照民法第 227 條之 2 第 1 項的規定，請求法院按照 A 客觀情況的變化，變更贈與契約原來的法律關係，減為每月對 B 給付一萬元。

第三章

附有附款的贈與

什麼是「附款」？法律行為是基於一定的意思表示，當事人為一定的意思表示後，原則上法律行為就發生效力，因而達到當事人所要發生的法律效果，但是有時當事人基於某種考慮，不希望法律行為立即發生法律效力，或不希望已經發生的法律效力繼續有效，所以就對法律行為的效力加以限制，這個限制就是法律行為的「附款」，附款包括「條件」、「期限」及「負擔」三種。以下就附有條件及期限的贈與加以說明。

第一節　附有條件的贈與

> 　　A 與 B 約定，等到 B 考上駕駛執照之後，A 就要把現在所駕駛的某輛汽車送給 B，然而在 B 考上駕駛執照之前，A 因為酒後駕車撞樹，把這輛車給完全撞毀、不能修復了。B 就跟 A 說，你要是不把車給撞壞，我考上駕照後就有車可以開了，所以你要賠給我這輛車。而 A 跟 B 說，車撞壞的時候，你根本還沒有考上駕照，憑什麼要我賠給你？請問：誰講的有理由？

第一項　意　義

依照民法第 99 條規定：「附停止條件之法律行為，於條件成就時，發生效力（第 1 項）。附解除條件之法律行為，於條件成就時，失其效力（第

2 項)。依當事人之特約，使條件成就之效果，不於條件成就之時發生者，依其特約（第 3 項)」。附有停止條件的贈與，是條件發生時，贈與契約原則上才發生效力，例如：贈與人與受贈人約定，如果受贈人能夠找到工作受雇於人，就贈與機車一輛，作為上班的代步工具。而附有解除條件的贈與，是贈與契約本來有效成立，但是在條件發生時，贈與契約就失去效力，例如：贈與人與受贈人約定，贈與人贈與受贈人機車一輛，作為受贈人上班的代步工具，如果受贈人辭去現有的工作，則贈與人就收回那輛機車。

第二項　效　力

第一款　成立要件與生效要件分開

就贈與契約的成立要件以及生效要件來說，附有停止條件的贈與，是贈與契約已經成立，但是因為條件還沒有成就，所以尚未生效。

第二款　視為條件成就或不成就

如果贈與人和受贈人約定好，要在停止條件成就的時候，送給受贈人某項財產，但是後來反悔了，便刻意讓條件不成就，例如：贈與人與受贈人約定，如果受贈人考上大學，就送給受贈人某型號的賓士汽車一輛，作為獎勵，但是贈與人後來反悔，怕受贈人真的考上大學，就要破費買一輛某型號的賓士汽車，所以在受贈人大學考試當天，在受贈人的飲食裡面下瀉藥，讓受贈人拉肚子而考試失常落榜，這時依照民法第 101 條第 1 項規定：「因條件成就而受不利益之當事人，如以不正當行為阻其條件之成就者，視為條件已成就」，雖然受贈人沒有真正考上大學，仍然視為受贈人考上大學的停止條件已經完成，所以贈與契約生效，贈與人有義務交付那款賓士車一輛給受贈人。

反過來說，如果受贈人怕停止條件不成就，就用不正當的方法促使停止條件成就，例如：贈與人與受贈人約定，如果受贈人考上大學，就送給受贈人某型號的賓士汽車一輛，作為獎勵，受贈人怕考不上，於是在考場

作弊，後來真的因此考上大學，這時依照民法第 101 條第 2 項規定：「因條件成就而受利益之當事人，如以不正當行為促其條件之成就者，視為條件不成就」，雖然受贈人真的考上大學，仍然視為受贈人考上大學的停止條件沒有完成，所以贈與契約仍然不生效，贈與人沒有義務交付那款賓士車一輛給受贈人。

第三款　期待利益的保護

　　贈與契約成立後，在停止條件成就前，贈與契約還未發生效力，贈與人這時還沒有義務移轉贈與財產給受贈人，雖然停止條件成就或不成就，並不確定，但是受贈人對於停止條件成就之後，就可以得到的贈與財產，還是會有很大的期待，而這個期待，是法律所保護的。例如：贈與人與受贈人約定，等到受贈人考上駕駛執照之後，贈與人就要把現在所駕駛的某輛汽車送給受贈人，然而在受贈人考上駕駛執照之前，贈與人因為酒後駕車撞樹，把這輛車給完全撞毀、不能修復了，依照民法第 100 條規定：「附條件之法律行為當事人，於條件成否未定前，若有損害相對人因條件成就所應得利益之行為者，負損害賠償責任」，贈與人要把這輛汽車在撞毀時的價額，賠償給受贈人，以保護受贈人對於停止條件成就後，就能取得贈與財產的期待。

　　如果這輛車不是贈與人所損害，而是贈與人把它借給贈與人與受贈人以外的第三人，而是第三人酒醉駕車不小心去撞電線桿，把這輛車給撞壞的，這時，受贈人的期待利益還是被損害，只是損壞的人不一樣。贈與人本人依照民法第 184 條第 1 項前段：「因故意或過失，不法侵害他人之權利者，負損害賠償責任」的規定，可以向那位第三人請求損害賠償，而受贈人對於取得這輛車的所有權，有一個「物上期待權」，也就是受贈人期待取得這輛車的所有權，與物權受到同樣的保護，而這個「物上期待權」，也是民法第 184 條第 1 項前段所稱的「權利」，因此受贈人也可以向那位第三人請求損害賠償。贈與人對於第三人的損害賠償請求權，以及受贈人對於第三人的損害賠償請求權，是「不可分債權」，依照民法第 293 條第 1 項規定：

「數人有同一債權，而其給付不可分者，各債權人僅得請求向債權人全體為給付，債務人亦僅得向債權人全體為給付」，所以那位第三人應負修復該車之責任，如不能回復原狀或回復顯有重大困難者，應以金錢賠償其損害（參照民法第 213 至 215 條）。

A 贈與 B 這輛汽車的贈與契約雖然已經成立了，但是還沒有生效，要等到「B 考上駕照」這個停止條件發生之後，贈與契約才發生效力，這時，A 才有義務把汽車交付給 B。但是 B 對於停止條件成就之後，就可以得到的汽車，會有很大的期待，而這個期待，是法律所保護的，依照民法第 100 條規定，A 既然損害了 B 將來考上駕照（停止條件成就）所應得的汽車利益，就應該要對 B 負損害賠償責任，也就是把這輛汽車在撞毀時的價額賠償給 B。

第二節　附有期間的贈與

　　C 與 D 約定，等到 D 滿 20 歲成年之後，C 就要把現在所駕駛的某輛汽車送給 D，然而在 D 成年以前，C 因為酒後駕車撞樹，把這輛車完全撞毀、不能修復了。D 跟 C 說，你要是不把車給撞壞，我成年之後就有車可以開了，所以你要賠給我這輛車。C 跟 D 說，車撞壞的時候，你根本還沒有成年，憑什麼要我賠給你？請問：誰講的有理由？

第一項　意　義

民法第 102 條第 1、2 項規定：「附始期之法律行為，於期限屆至時，發生效力（第 1 項）。附終期之法律行為，於期限屆滿時，失其效力（第 2 項）」。附始期的贈與，就是約定的時間一到，贈與契約就發生效力，例如：贈與人與受贈人約定，民國 96 年 8 月 6 日受贈人一滿二十歲，就送給受贈人一輛小客車作為成年禮物。附終期的贈與，例如：贈與人與受贈人約定，受贈人一滿二十歲，贈與人就不再每個月定期給付受贈人新臺幣二萬元的生活費，因為贈與人認為受贈人成年以後，應該要獨立自主。

第二項　效　力

同樣就贈與契約的成立要件以及生效要件來說，附有始期的贈與，是贈與契約已經成立，但因為生效的時間還沒有到，所以尚未生效。贈與契約成立之後，在始期來到之前，贈與契約尚未發生效力，贈與人這時還沒有義務要移轉贈與財產給受贈人，但是始期總有一天會來到，所以受贈人對於始期來到之後，他就可以得到的贈與財產，比附停止條件贈與的受贈人，有更大的期待，因此這個期待，更需要法律保護。例如：贈與人與受贈人約定，等到受贈人成年之後，贈與人就要把現在所駕駛的汽車送給受贈人，然而在受贈人成年之前，贈與人因為酒後駕車撞樹，把這輛車給完全撞毀、不能修復了，依照民法第 102 條第 3 項規定：「第 100 條之規定，於前 2 項情形準用之」，準用民法第 100 條，贈與人要把這輛汽車在撞毀時的價額，賠償給受贈人，以保護受贈人在始期來到之後，就能取得贈與財產的期待。

解析

C 贈與 D 這輛汽車的贈與契約雖然已經成立了，但是還沒有生效，要等到 D 成年那一天來到之後，贈與契約才發生效力，這時，C 才有義務把

汽車交付給 D。但是 D 對於他成年以後，就可以得到的汽車，還是會有很大的期待，而這個期待，是法律所保護的，依照民法第 102 條第 3 項準用同法第 100 條規定，C 既然損害了 D 將來成年（始期來到）所應得的汽車利益，就應該要對 D 負損害賠償責任，也就是把這輛汽車在撞毀時的價額賠償給 D。

第四章
死因贈與

　　Ａ與Ｂ約定，在Ａ過世之後，要贈送給Ｂ名貴鑽戒一只，Ａ與Ｂ並且將這個贈與契約拿去地方法院公證。後來Ａ反悔，就在贈與契約上記載「本贈與契約經本人廢棄」的字眼，表示不願意贈送給Ｂ那只鑽戒，在Ａ死亡後，Ｂ是否可要求Ａ的繼承人交付那只鑽戒？

第一節　死因贈與的概念

第一項　意義與性質

　　死因贈與，就是贈與人死亡，贈與契約才發生效力。有學者認為，死因贈與是以贈與人死亡時，受贈人還存活為停止條件的贈與契約，性質上為附停止條件的一種贈與❶；有學者則認為是附有期限的贈與❷；另外有學者認為，我國並沒有關於死因贈與的明文規定，基於契約自由原則，究竟是前述哪一種性質，應取決於當事人的約定，不能一概而論❸，本書亦

---

❶ 鄭玉波，《民法債編各論》，著者自版，民國 71 年 10 月，頁 169；陳棋炎、黃宗樂、郭振恭，《民法繼承新論》，三民書局，民國 86 年 2 月四版，頁 413；邱聰智，《新訂債法各論》，元照出版，民國 91 年 10 月初版一刷，頁 299；林誠二，《民法債編各論（上）》，瑞興書局，民國 92 年 7 月修訂二版，頁 259。

❷ 戴炎輝、戴東雄，《中國繼承法》，著者自版，民國 87 年 3 月，頁 238。

認為，不同之案件類型中，當事人的意思不盡相同，不宜將死因贈與一律定位成某種法律性質，而應基於私法自治及契約自由原則，由當事人自行決定其權利義務的內容。

第二項　死因贈與及遺贈的異同

和死因贈與類似的法律概念，是遺贈。了解遺贈及其與死因贈與的異同，就可更了解死因贈與的概念，而且在討論死因贈與可否類推適用關於遺贈的規定前，先要了解遺贈及其與死因贈與的異同。

遺贈就是遺贈人在遺囑中記載在他死亡之後，要把某項財產送給某人，遺贈與死因贈與，都是在送給人家財產的人死亡之後，才發生效力的行為，且都是沒有代價的無償行為，但是遺贈是用遺囑為之的單獨行為，不管受遺贈人知不知道有這個遺贈的遺囑內容，都會發生效力，而死因贈與則是契約行為，必須由贈與人與受贈人相互約定，因此，就遺囑能力而言，已滿十六歲的未成年人，依照民法第 1186 條規定，不需要得到法定代理人的允許，就可單獨立下遺囑設定遺贈。但已滿十六歲的未成年人，如果要締結死因贈與的契約，卻必須要法定代理人的允許（民法第 77 條），而遺贈因為是用遺囑的方法為之，所以必須要符合民法第 1189 條以下規定的五種遺囑方式，亦即遺囑是被繼承人交代自己身分上、財產上事情的意思表示，基於當事人意思自主、私法自治原則，法律原則上會予以尊重，並且當做是處理被繼承人死亡之後，身分上以及財產上法律關係的基準。遺囑的內容在講什麼，往往對於相關的人士來說，非常的重要，所以法律要儘量使遺囑表現出被繼承人真正的意思，而且儘量讓立遺囑的手續很方便，讓年老重病或不識字的人，也可以立遺囑，法律也重視遺囑的保存以及維護，將來遺囑會變成是許多法律關係的重要證據。因此，法律規定了五種立遺囑的方式，包括自書遺囑（民法第 1190 條）、公證遺囑（民法第 1191 條）、密封遺囑（民法第 1192 條）、代筆遺囑（民法第 1194 條）以及口授遺囑（民

❸　林秀雄，〈死因贈與之撤回〉，《月旦法學雜誌》，第 16 期，民國 85 年 9 月，頁62。

法第 1195 條)。因此如果沒有按照民法第 1189 條規定的這五種方式來立遺囑，依照民法第 73 條的規定，遺囑就無效。另遺囑才有遺囑執行的問題(民法第 1209 條以下)，而死因贈與則沒有法律規定的特定方式❹。

死因贈與及遺贈，還有很多不同之處：遺贈之所以是從遺囑人死亡時才發生效力，是因民法第 1199 條規定遺囑自遺囑人死亡時發生效力❺，而

---

❹　司法院 35 年院解字第 3120 號：「遺囑執行人除民法第 1210 條所定未成年人及禁治產人外，無其他之限制」；司法院 26 年院字第 1628 號：「民法第 1210 條所定不得執行遺囑之人，稱為未成年人，禁治產人，而不稱為無行為能力人，是關於未成年人，顯係專就年齡上加以限制，未成年人雖因結婚而有行為能力，仍應依該條規定，不得為遺囑執行人」；最高法院 22 年上字第 1855 號判例：「遺囑保管人知有繼承開始之事實時，依法固應將遺囑提示於親屬會議，但遺囑保管人不於其時將遺囑提示於親屬會議，於遺囑之效力，並無影響」；最高法院 85 年度臺上字第 684 號判決：「本件係無人承認之繼承，於繼承人未經過搜索程序確定及遺產未經清算程序確定其內容範圍之前，遺囑執行人尚無法具體實現分配遺產與繼承人或受遺贈人之任務。是應先由遺產管理人踐行搜索繼承人及清算程序，而後由遺囑執行人為遺囑之執行，遺囑執行完了時，再由遺產管理人對於未於公告期間為報明或聲明之債權人或受遺贈人償還債務或交付遺贈物，為最後之清算程序，在遺產管理人為搜索繼承人及清算程序期間，遺囑執行人之權限暫被停止」；最高法院 87 年度臺上字第 1723 號判決：「親屬會議，非有三人以上之出席，不得開會，非有出席會員過半數之同意，不得決議；親屬會議會員，於所議事件有個人利害關係者，不得加入決議，民法第 1135 條、第 1136 條定有明文。經查本件被繼承人陳〇深既以自書遺囑指定王陳〇珠、鍾〇英、徐〇雄三人為遺囑執行人，以杜繼承人為己利而違遺囑人之意思，又以自書遺囑將遺產贈與法人清泉獎學會董事會、香蘭基金會、生前部屬職員及特定親屬。則該遺囑之執行即與繼承人有重大利益衝突。況遺囑執行人有管理遺產並為執行上必要行為之職務；遺囑執行人因前項職務所為之行為，視為繼承人之代理，民法第 1215 條定有明文。顯見遺囑執行人之改選與否，與繼承人均有個人之利害關係。故陳〇仁召開親屬會議，而由與決議事項有重大利害關係之繼承人陳〇仁、王陳〇完、廖陳〇香共同參與決議解除遺囑執行人王陳〇珠、鍾〇英、徐〇雄三人之職務，並另選任陳〇仁為遺囑執行人之行為，顯與民法第 1136 條之規定有違，其決議依法自屬無效」。

死因贈與之所以是在贈與人死後才發生效力，是因贈與人與受贈人這樣約定的；而依照民法第 1201 條規定，受遺贈人必須在遺囑發生效力時，也就是遺贈人死亡時還活著，才可以享受遺贈，但在死因贈與，贈與人與受贈人得特別約定，由受贈人的繼承人繼承贈與的法律關係，就好像贈與契約是由贈與人與受贈人的繼承人互相約定的一樣，而在贈與人死亡後，受贈人的繼承人得請求贈與人的繼承人交付贈與財產❻；又遺贈財產在繼承開始時，如果不屬於遺產，依照民法第 1202 條，這個遺贈原則上是無效的❼，

❺　最高法院 18 年上字第 1207 號判例：「以遺囑分授遺產，受遺人於遺囑人死亡後，固得根據遺囑之效力承繼遺產上之權利，然受遺人於應承繼之遺產，更以協議讓出，而與第三人分析者，亦非無效，不能事後翻異，請求返還」；最高法院 18 年上字第 1897 號判例：「以遺囑分授遺產，於遺囑人死亡後，有拘束受遺人之效力」；最高法院 19 年上字第 46 號判例：「被承繼人對於承繼事項所立遺囑，如係出自本人之意思而合法成立者，即應認為有效」；最高法院 82 年度臺上字第 1197 號判決：「系爭切結書第 1 條約定：『乙方（即被上訴人）係甲方（即上訴人）之繼父，……但乙方年終遺產全部應歸甲方繼承。』由兩造之關係及立約之真意觀之，該約定係被上訴人允諾於死亡時，將其所有之財產贈與上訴人，為死因贈與之約定。該約定著重在遺產之取得，並非繼承權之指定，不生違反民法第 1138 條規定之問題，亦無自始客觀給付不能或違反公序良俗情事，自無民法第 111 條前段規定之適用，故上訴人應給付被上訴人三百五十萬元之約定，亦無無效之原因」。

❻　最高法院 88 年度臺上字第 91 號判決：「關於死因贈與，我民法雖無特別規定，然就無償給與財產為內容而言，與一般贈與相同，且死因贈與，除係以契約之方式為之，與遺贈係以遺囑之方式為之者有所不同外，就係於贈與人生前所為，但於贈與人死亡時始發生效力言之，實與遺贈無異，同為死後處分，其贈與之標的物，於贈與人生前均尚未給付。故基於同一法理，其效力應類推適用民法第 1201 條規定受贈人於死因贈與契約生效（即贈與人死亡）前死亡，其贈與不生效力」。

❼　臺灣高等法院高雄分院 80 年度家上易字第 1 號判決：「查戰士授田憑據處理條例第 2 條規定，第 7 條規定，第 8 條規定，足見有關戰士授田憑據補償金在依規定申請登記經核定發放前，尚非屬於該戰士之財產。則上開遺贈之標的（戰士授田憑據補償金）在繼承開始時既不屬於馬正清之遺產，依民法第 1202 條

但死因贈與的財產，如果在贈與人死亡時不屬於遺產，贈與契約不因此就無效，受贈人仍然可以請求贈與人的繼承人交付贈與財產，只是有債務不履行的問題而已。另外，受遺贈人有拋棄遺贈、承認遺贈的問題（民法第1206、1207條），死因贈與的受贈人則無此問題。

第二節　死因贈與是否可類推適用關於遺贈的規定

死因贈與是否可類推適用贈與的規定，或可以類推適用的範圍有哪些，學者間有不同的意見。有學者認準用的主要事項有遺贈效力、遺囑執行及受贈人還生存的規定（民法第1201條），在有背恩忘義行為的死因贈與，因條件未成就，所以沒有撤銷可言，應準用遺囑撤回的規定，得由贈與人隨時撤回死因贈與❽；有學者認為死因贈與在性質上許可的範圍內，得類推適用關於遺囑執行的規定，但死因贈與為契約，不是遺囑，所以民法第1186條遺贈人遺囑能力的規定不能類推適用，而死因贈與是不要式行為，遺贈須以遺囑為之，所以民法第1189條至第1198條關於遺囑方式的規定不能類推適用，又死因贈與及遺贈，均因行為人（贈與人、遺贈人）死亡而發生效力，所以在效力上可類推適用，但因死因贈與是契約，因此遺贈效力的規定中，關於單獨行為的規定，例如遺贈的承認、拋棄等等，不能類推適用，另外，死因贈與也無民法第1212條（遺囑之提示）及民法第1213條（密封遺囑之開視）的問題，這部分也不類推適用❾。

另有學者認死因贈與為贈與契約的一種，應回歸適用或類推適用民法債編規定，較為妥當❿。本書也認為，前述比較遺贈與死因贈與的異同後，

之規定，應屬無效。從而，上訴人依據上開遺贈之法律關係，向被上訴人請求領取本件之補償金，即非正當，不應准許」。

❽　邱聰智，前揭書，頁299、300。

❾　陳棋炎、黃宗樂、郭振恭，前揭書，頁414。

❿　林秀雄，前揭文，頁63。

發現兩者相異點多於相同點，而且死因贈與本質上就是贈與契約，可解釋
為直接適用民法債編各論關於贈與的規定。

 解析

    A 與 B 約定，在 A 過世之後，要贈送給 B 名貴鑽戒一只，因此成立死
因贈與契約。後來 A 反悔，想要撤回死因贈與的意思表示，雖然前面介紹
的學說中，有學者認為死因贈與契約可以準用遺囑撤回的規定，贈與人 A
得隨時撤回這個死因贈與契約，但是本書認為死因贈與及遺贈差異很大，
不宜類推適用關於遺囑撤回的規定，而且死因贈與本質上就是贈與契約，
應可直接適用民法債編各論關於贈與的規定，因此依民法第 408 條規定，
雖然 A 還沒有把那只鑽戒交給 B，但是因 A 與 B 的死因贈與契約有經過
公證，所以 A 不得任意撤回或撤銷這個死因贈與契約，而在 A 死亡後，B
仍可要求 A 的繼承人交付那只鑽戒。

第五章

現實贈與

> 　　A 贈送給 B 一棟房屋，但是沒有經過公證，也不是履行道德上的義務。在移轉登記程序辦好之前，A 突然反悔，撤銷這個贈與契約，B 則主張這棟房屋在 A 與 B 訂立贈與契約時，就交給 B 使用，屬於現實贈與，所以 A 不能任意撤銷這個贈與契約。誰講的有道理？

　　現實贈與，是訂立贈與契約與贈與財產的交付，是同時為之，也就是訂立贈與契約的債權行為，與交付贈與財產的物權行為，是同時發生的，因此不適用民法第 408 條第 1 項關於任意撤銷的規定，但是這種現實贈與的情形，在實務上僅限於動產贈與，因民法第 758 條規定，以法律行為（例如：贈與、買賣、互易）取得不動產，須經過登記才生效力，而登記需有一段時間，即使贈與人及受贈人訂立不動產贈與契約當時，就交付贈與的不動產，也不能使贈與人馬上取得這個不動產，所以贈與人及受贈人成立不動產的贈與契約，一直到受贈人真正取得贈與的不動產，中間會有一段空窗期，在這段期間，受贈人縱使實際上占有、使用這個不動產，也還沒有取得不動產所有權，所以贈與物的權利還沒有移轉，贈與人仍然可以依照民法第 408 條的規定，任意撤銷這個不動產贈與契約。民法第 166 條之 1 第 1 項規定：「契約以負擔不動產物權之移轉、設定或變更之義務為標的者，應由公證人作成公證書」，因贈與人及受贈人訂立不動產贈與契約，如果不是經過公證，贈與契約只是成立，還沒生效，在辦妥贈與不動產移轉

登記前，贈與人都還可以依照民法第 408 條的規定撤銷贈與契約。

由於民法第 758 條規定，以法律行為取得不動產，需經過登記才生效力，因此在贈與的不動產移轉登記前，都算是民法第 408 條第 1 項所謂「贈與物的權利未移轉前」的狀態，贈與人原則上可以任意撤銷贈與，除非是同條第 2 項經過公證或履行道德義務的情形。

第六章

混合贈與

　　A 有一棟價值新臺幣（下同）六百萬元的房屋，因為員工 B 畢生都為 A 效力，退休後要有個棲身之所，A 為了感謝 B，所以將那棟房屋半買半送給 B，只收三百萬元的價金。但是因該房屋設計不良，屋頂漏水，造成 B 的傢俱毀損、裝潢全毀，以及必須花錢補漏，花費共計四百萬元。請問：B 是否可向 A 求償這四百萬元？

　　混合贈與的意義，是受贈人雖然受到贈與人的饋贈，但是受贈人也給予贈與人一部分的報酬（對待給付）。混合贈與的性質為何？有學者認為，混合契約是一種特種契約，贈與人對於贈與物，應在有償的限度內，負與出賣人同一的瑕疵擔保責任，與附有負擔的贈與相同[1]；有學者認為，混合贈與，原則上仍適用一般贈與的規定，但對價的部分，應類推適用附有負擔贈與的規定（民法第 412 條第 1 項、第 413 條、第 414 條），不適用買賣、互易或僱傭等規定[2]；又有學者認為，半買半送契約，實際上半送的部分，仍以半買部分為基礎，半送部分應含在半買的價金內，因此是買賣，否則半送的部分，就不可主張瑕疵擔保責任，易使出賣人以過時商品為花招，欺騙顧客，違反公共利益與交易安全[3]。

　　本書以為，如贈與人確實能證明其向受贈人所收取的對價，顯然少於

[1]　鄭玉波，《民法債編各論》，著者自版，民國 71 年 10 月，頁 171、172。

[2]　邱聰智，《新訂債法各論》，元照出版，民國 91 年 10 月初版一刷，頁 301。

[3]　林誠二，《民法債編各論（上）》，瑞興書局，民國 92 年 7 月修訂二版，頁 288。

贈與財產的價值，則在對價的範圍內，與買賣無異，受贈人像買受人一樣付出價金，如果沒有受到保障，對受贈人不公平，所以贈與人應負與出賣人相同的瑕疵擔保責任或不完全給付責任，超出這個限度，如果仍要求贈與人負瑕疵擔保責任，即對贈與人不公平，因為就這部分，贈與人並沒有受到好處，不能要求贈與人負擔過重的責任。

如贈與人 A 確實能證明其向受贈人 B 所收取的對價，顯然少於贈與財產的價值，則在對價的三百萬元範圍內，與買賣無異，B 與買受人一樣付出價金，應該要受與買受人相同的保障，否則對 B 不公平，所以 A 應負與出賣人相同的瑕疵擔保責任或不完全給付責任，超出這個限度，如果仍要求 A 負瑕疵擔保責任，即對 A 不公平。因此 A 只需賠償三百萬元。

第三編

有關贈與
的法律問題

贈與契約的成立與生效，有時會影響當事人其他法律關係的變動，或對當事人之間的其他法律關係產生影響，或成為當事人間之其他法律關係判斷基準，因此有說明之必要。本編即針對民法上純獲法律上之利益、夫妻間的贈與及夫妻財產、特種贈與的歸扣與扣減，分別敘述其與贈與間的關係。

第一章
純獲法律上之利益與贈與

案例

　　Ａ喪偶之後，將名下一棟房屋贈與給父母均已雙亡之姪女即十六歲未婚的Ｂ，並辦理贈與契約的公證。請問：這個贈與契約是否有效？Ａ後來又把這棟房屋移轉登記給Ｂ，以履行贈與契約的義務，這個物權行為是否有效？如果Ａ先前已經把這棟房屋出租給Ｃ，租期三年，房屋移轉登記給Ｂ時，租期還剩一年，是否會對這個贈與契約行為的效力，以及移轉登記的物權行為效力，產生影響？民法第77條但書規定純獲法律上利益的意思表示，是否等同於接受贈與的意思表示，或受領贈與財產的意思表示？

第一節　未成年人純獲法律上利益的行為能力規定

　　基於私法自治原則，一個人的權利義務，原則上要由他自己以意思表

示來決定，但不是每個人的意思都很清楚，例如：某些小孩、精神病患、腦傷病患，時常不能以成熟、穩定的意思決定自己的權利義務，如果針對每個法律行為，都要分別去調查當事人是否有成熟、穩定的意思，又太過於麻煩，也會影響交易安全，因此民法設有行為能力制度及宣告禁治產制度，並規定凡未滿七歲的未成年人，以及被法院宣告禁治產確定的人，一律沒有行為能力（民法第 13 條第 1 項、第 15 條），所做的意思表示或法律行為一律無效（民法第 75 條），另外規定滿七歲以上之未結婚且未受禁治產宣告的未成年人，其為意思表示及受意思表示，原則上應得法定代理人的允許，但純獲法律上的利益，不在此限（民法第 13 條第 2 項、第 77 條）。之所以有未成年人得獨立為有效法律行為的例外規定，乃因在某些情況下，對未成年人並無明顯的害處，而且符合保護及教育未成年人的目的，因而可使未成年人自己獨立為有效的法律行為。

第二節　贈與是否為純獲法律上的利益

民法第 77 條但書規定，未成年人純獲法律上利益的意思表示，可不用得到法定代理人的允許，就當然有效。「純獲法律上利益」，從文字意義看來，似乎就等同於接受贈與的意思表示，但是否可做相同的解釋？有待進一步探討。

關於「純獲法律上利益」，究竟意義為何？學說上有不同的尺度及解釋，有學者採形式判斷標準，僅僅就法律行為的效果觀察，因此，限制行為能力人因法律行為，受有法律效果上的不利益時，無論其喪失權利，或負擔義務，縱使在經濟上獲得鉅額利益，也不是純獲法律上的利益，例如：A 把車賤賣給十九歲的 B，B 不是純獲法律上的利益，所訂立的買賣契約，須經法定代理人允許，才生效力❶。另有學者認為：本條是為限制行為能力人的利益而設，對於「純獲法律上的利益」，不宜過分嚴格而不合理的解釋，

❶　王澤鑑，〈純獲法律上之利益〉，《民法學說與判例研究》，著者自版，民國 75 年 2 月再版，頁 40。

否則反而失去保護的目的，例如：出賣人以象徵性價格新臺幣一百元出售未成年人機車乙輛，宜解釋為純獲法律上利益，而使其行為獨立有效❷。另有學者認為：最後仍要回歸到對於限制行為能力人保護及教育的目的，來找尋答案，分別觀察物權行為及債權行為。就負擔行為而言，只要是單務契約，而未成年人不是負擔義務的一方，皆是屬於純獲法律上利益的行為，將來伴隨著權利取得，所可能發生的義務，則是屬於處分行為的結果，至於雙務契約，即使契約的締結帶給未成年人的利益，遠遠超過法律上的不利益，仍不是屬於純獲法律上利益；至於處分行為，隨著處分行為之完成，而發生的公法上稅捐負擔，或者是物上負擔的承受，例如：所受贈的房屋上有抵押權，並非法律上的不利益，但是像民法第 425 條第 1 項規定：「出租人於租賃物交付後，承租人占有中，縱將其所有權讓與第三人，其租賃契約，對於受讓人繼續存在」，所造成出租人地位的承擔，則不屬於純獲法律上的利益❸。本書亦認為，債權行為及物權行為可分開判斷，就債權行為而言，純獲法律上利益的意思表示，一定是限制行為能力人接受單純沒有任何條件或負擔的贈與意思表示，才能符合「純獲法律上利益」的要件，不用法定代理人的允許，當然生效，這樣也符合「純獲法律上利益」的文義；但就物權行為而言，未成年人受讓房屋，因此伴隨而生的房屋稅捐等義務，是定額且可預期的，如由未成年人承受，仍不失保護、教育未成年人的目的，可讓未成年人了解國民應盡的納稅義務，以及稅收投入國家建設的重要性，但如移轉物權給未成年人，要依民法第 425 條，讓未成年人承受出租人的法律地位，則未成年人面對房客，會有談判、周旋、催繳房租、返還押租金、房屋修繕、終止租約等複雜的法律問題，對未成年人的保護是否周延，會發生疑義，因此不是純獲法律上的利益。

　　這種將贈與的債權行為與物權行為分開判斷的看法，好處是在債權行為有效的情形下，可保留彈性給法定代理人，讓法定代理人最後決定是否

---

❷　施啟揚，《民法總則》，著者自版，民國 73 年 6 月二版，頁 227。

❸　蔡晶瑩，〈贈與——純獲法律上利益?〉，《法學講座》，第 29 期，神州圖書出版，民國 93 年 9 月，頁 79、80。

允許未成年人受領贈與財產的物權行為意思表示，如果法定代理人認為允許較符合未成年人的利益，而使物權行為有效，未成年人受領贈與的物權，才不致成為不當得利，因債權行為的贈與契約有效，可作為未成年人取得贈與財產的法律上原因。

第三節　純獲法律上利益與自己代理

法定代理人自己代理及利益衝突的問題，例如：A 遇到不好的房客，面對房客非常麻煩，或把押租金惡意扣留不願還給房客，再加上擔心受債權人催討而為脫產，就將該棟房屋移轉登記到 B 名下，B 顯然不是純獲法律上的利益，此時回歸民法第 77 條本文的原則性規定，移轉登記房屋的物權行為，須經法定代理人的允許，而依民法第 106 條規定，A 代理 B 與自己的物權行為，是屬於自己代理，除非是本人同意或專為履行債務，否則禁止自己代理，但未成年人不具完全的意思能力，無法同意其法定代理人的自己代理。而所謂「專為履行債務」，包括本人與代理人間的債務，代理人得以本人名義受領自己清償債務❹，A 移轉登記房屋給 B，是清償 A 自己對於 B 的贈與契約債務，本來可以自己代理，但 B 因此須承受出租人的法律地位，對 B 而言，並非純獲法律上利益，學說上認為，此時應用純獲法律上利益的概念，來解釋民法第 106 條的「專為履行債務」，而將對未成年人不利益的專為履行債務，排除於民法第 106 條例外得自己代理的範圍，而為目的性限縮解釋❺，解釋為 A 不得自己代理，因此物權行為無效，必須要依民法第 1091 條以下的規定，為未成年人 B 決定監護人之後，監護人依民法第 1098 條的規定成為 B 的法定代理人，由監護人判斷是否要依民法第 77 條前段的規定，允許 B 受領 A 移轉登記該棟房屋的物權行為。

---

❹　施啟揚，前揭書，頁 293。

❺　蔡晶瑩，前揭文，頁 82。

解析

　　A 贈與給姪女 B 的贈與契約有效，因 B 不會因該贈與契約的債權行為而負擔任何義務，或增加任何不利益，B 接受贈與的意思表示，屬於民法第 77 條但書所謂純獲法律上利益，當然有效，不用經過法定代理人的允許，也沒有自己代理的問題。但是 A 把這棟房屋移轉登記給 B 的物權行為，就不當然是 B 的純獲法律上利益，還要視具體案情而定：如果只是負擔稅捐，因為只是定額，而且給付對象是國稅局，義務內容單純，對未成年人更有教育意義，屬於民法第 77 條但書的純獲法律上利益，當然有效。然而，如因此依民法第 425 條規定，未成年人須承受整個租賃契約的法律關係，而承受出租人的地位，因出租人須面對承租人，法律關係並非單純，可能產生種種複雜的法律問題，有時在還沒有對未成年人產生教育效果之前，就先對未成年人產生不利，此時 B 受領房屋物權的意思表示，就不是民法第 77 條但書的純獲法律上利益，應回歸民法第 77 條前段的原則性規定，須由未成年人的法定代理人允許才生效力，但因 A 將房屋移轉登記給 B，雖然專門為了履行 A 對 B 的贈與契約債務，但不當然使 B 純獲法律上利益，因此應排除於民法第 106 條但書「專履行債務」的文義範圍以外，而不准 A 自己代理，此時必須要依民法第 1091 條以下的規定決定 B 的監護人之後，再由監護人決定是否允許 B 接受 A 移轉登記該棟房屋的物權行為意思表示。至於未成年人接受贈與財產的物權意思表示，是否屬於純獲法律上利益，則要視個案而定。

第二章
夫妻財產與夫妻間的贈與

　　A 與 B 是夫妻，在婚後第一年 B 生日時，A 送給 B 一條女用純金項鍊，後來 A 與 B 感情生變離婚，A 是否可主張該條項鍊應列入剩餘財產分配？夫妻間的贈與是否符合民法第 1030 條之 1 所謂的「其他無償取得的財產」？

第一節　「無償取得財產」例外不列入剩餘財產分配的規定

　　民國 74 年 6 月 3 日增訂之民法第 1030 條之 1 第 1 項規定：「聯合財產關係消滅時，夫或妻於婚姻關係存續中所取得而現存之原有財產，扣除婚姻關係存續中所負債務後，如有剩餘，其雙方剩餘財產之差額，應平均分配。但因繼承或其他無償取得之財產，不在此限」，該項規定於民國 91 年 6 月 26 日修正為：「法定財產制關係消滅時，夫或妻現存之婚後財產，扣除婚姻關係存續中所負債務後，如有剩餘，其雙方剩餘財產之差額，應平均分配。但左列財產不在此限：一、因繼承或其他無償取得之財產」，修正前後，均有「無償取得之財產」不列入剩餘財產分配之規定。民國 96 年 5 月 23 日修正公布之民法第 1030 條之 1 第 1 項亦同（民國 96 年 5 月 23 日公布之民法第 1030 條之 1 僅刪除同法第 3 項「一身專屬權」之規定）。故無償取得之財產，在文義上似乎包括夫妻間的贈與，是否確實如此，有待

進一步探討。

第二節　夫妻間的贈與是否列入剩餘財產分配

對於夫妻間贈與的性質，實務及學說上有不同見解：

第一項　實務見解

實務見解認為是屬於民法第 1030 條之 1 第 1 項所謂「其他無償取得之財產」，而不受剩餘財產之分配❶。

第二項　無效贈與說

無效贈與說認為：民法修正前第 1017 條第 2 項規定聯合財產中，夫之原有財產及不屬於妻之原有財產，為夫所有，乃為儘量確保夫的財產，使夫的債權人，免於因夫利用贈與方式，將其財產移轉給妻，成為妻的原有

---

❶　最高法院 70 年臺上字第 3100 號判例：「民法第 1017 條第 1 項有關妻之原有財產內，妻因其他無償取得之財產之規定，雖不排除夫之無償贈與情形，但必有無償之贈與契約之存在為前提，並非一經登記為妻之名義，即可當然視為夫所贈與，否則民法第 1017 條第 2 項就登記為妻名義之不動產，即無適用之餘地，未免有背立法原意」；最高法院 86 年度臺上字第 3610 號判決：「聯合財產關係消滅時，夫或妻於婚姻關係存續中所取得而現存之原有財產，扣除婚姻關係存續中所負債務後，如有剩餘，其雙方剩餘財產之差額，應平均分配，但因繼承或其他無償取得之財產，不在此限，民法第 1030 條之 1 第 1 項固定有明文。惟所得平均分配者，以夫妻雙方剩餘財產之差額為限，並非夫或妻之剩餘財產，妻或夫均得就其全部請求分配。且所稱『其他無償取得之財產』，應包含夫或妻受妻或夫贈與之財產在內，始符夫或妻原有財產之增加，因他方亦與有協力及貢獻，故雙方剩餘財產之差額應平均分配，方為公平之立法趣旨」，係採否定說，惟判決文中稱：「始符夫或妻原有財產之增加，因他方亦與有協力及貢獻，故雙方剩餘財產之差額應平均分配，方為公平之立法趣旨」，易引人誤會認「夫妻間相互贈與之財產」係屬他方之協力及貢獻而應列入分配之意思。

財產及特有財產，而不能以對夫的執行名義加以查封，因此妻在婚姻關係存續中無償取得的財產，如由夫無償取得者，不但不成為妻的原有財產，更不因夫的聲明而成為妻的原有財產，上述見解係為顧全夫的債權人權益的解釋，應為正當，且適應現代社會需求❷。

第三項　有償取得財產說

有償取得財產說，所持理由略以：一、夫對於妻之贈與，或許感激其持家之辛勞，或酬勞對其事業之協助，如與第三人之贈與同視，不僅違背立法意旨，抑且對贈與之一方造成不公平；二、參酌德國民法第 1380 條之規定，配偶一方所為之贈與，如其價值超出夫妻通常贈與之價值，有疑義時，推定亦應算入平衡債權內，又依同條第 2 項規定，給與之價值，於計算平衡債權（德國民法第 1378 條第 1 項）時，應加算於為給與之配偶之淨益內，計算結果❸，與依我國法將其視為有償取得之原有財產相同；三、剩餘財產分配上，妻常為經濟上之弱者，民國 74 年民法修正原則，亦在貫徹男女平等原則及改善妻之地位❹。

第四項　有效贈與說

有效贈與說則認為，無效說認為應確保夫的財產，以保護夫之債權人的權益，因此將夫對妻的贈與解為無效的贈與，依此推論，妻對夫的贈與，應解為有效，無效說區別夫妻贈與的形態而認為有不同的效力，有違男女

---

❷ 陳棋炎，〈夫妻法定財產制下之妻特有財產及原有財產〉，《親屬‧繼承法判例判決之研究》，著者自版，民國 69 年，頁 49。

❸ 德國民法第 1380 條：「夫妻之一方，因他方以生前贈與明示折抵淨益之清算者，應計入其淨益清算之數額。如贈與之價值，依其情形超出其夫妻關係通常之贈與價值者，推定應折抵淨益清算之數額（第 1 項）。贈與之價值計入贈與一方之淨益。其價值依贈與時為準（第 2 項）」；第 1378 條第 1 項：「夫妻之一方無淨益或淨益較少者，得向他方請求淨益差額之半數」。

❹ 戴東雄，〈民法第一〇三〇條之一剩餘財產之分配，民法親屬編修正後之法律疑問〉，《法學叢刊》，第 35 卷第 1 期，民國 79 年 1 月，頁 54、55。

平等原則,而且無效說是以民國74年民法修正前的第1017條為立論依據,該條規定已於民國74年6月3日修正,無效說因此失其論據,又有償取得財產說,將夫妻間的贈與,「視為」有償取得的財產,而「視為」是法律上的擬制,或基於公益上的需要,對於某種事實的存在或不存在,依據法的政策,所為的擬制,這種擬制,須以法律明文規定為限,不宜由學者依解釋創造「視為」的效果,且夫妻間的贈與,未必僅由於感謝妻對家庭的貢獻或事業的協力,有時為生日禮物、有時為結婚紀念而為贈與,動機種種,不一而足,如將此種贈與解釋成有償取得,並不妥當,縱然夫對妻的贈與,是為感謝妻持家辛勞,或酬勞妻對其事業上的協助,也不必將之解為有償取得的財產,而列入剩餘財產分配的範圍,若將夫因妻協力、貢獻而對妻的贈與,視為有償取得的財產,而納入剩餘財產分配的範圍,意謂夫對妻協力貢獻所得的贈與,亦含有夫對妻的協力貢獻部分,否則夫無法對該財產行使剩餘財產分配請求權,如此推來,妻的協力貢獻,含有夫的協力貢獻,將陷入循環論斷,故將夫對妻所為的贈與,回歸於傳統的無償取得概念,不必納入剩餘財產分配的範圍,較能保護妻的利益;我國並無如德國民法有明文規定夫妻一方的贈與,價值如超過夫妻間的通常贈與,推定應算入平衡債權內的規定,如要透過解釋,將夫妻間的贈與解為有償取得的財產,改變贈與為無償取得財產的傳統觀念,恐有不當❺。

第五項　本書的見解

本書認為,夫妻間的贈與是民法第1030條之1第1項但書所稱的「無償取得的財產」,因此不列入剩餘財產分配,理由是:一、有償行為,乃當事人一方為財產上之給付,而取得他方對待給付之法律行為,通常具有互相交換利益之性質,一方給付,乃在於取得他方之對待給付,稱為「對價」❻,然而妻的持家辛勞,或對夫事業的協助,是否專門以取得夫的財產為目的?夫給與妻財物,是否是專門為了交換妻的辛勞或協助?容有疑問。因而,

❺　林秀雄,〈夫妻間之贈與〉,《臺灣本土法學雜誌》,民國91年3月,頁157。

❻　施啟揚,《民法總則》,著者自版,民國73年6月二版,頁205。

夫「感激妻持家辛勞」，或「酬勞妻對事業的協助」，僅能視為夫贈與妻財產的「動機」，不能因此斷定必然是有償行為，所以婚姻中夫妻一方贈與他方的財產（民法第 406 條），是該他方無償取得的財產，也是 74 年修正民法第 1030 條之 1 第 1 項但書所稱的「無償取得的財產」，不參與分配；二、若參酌瑞士民法第 164 條：「負責料理家務、照料子女或扶助配偶他方從事職業或經營事業的配偶一方，有權請求他方支付相當之金錢，供其自由處分（第 1 項）。在決定前項之金錢時，應考慮到有請求權的配偶一方已有的個人收入以及為家庭、職業或所經營的事業須留有充足的預防性保障金（第 2 項）」，認為夫妻一方贈與他方財產，如果動機在於家事勞務的答謝，也是妻無償取得的財產，而與家事勞務無關，故不用列入分配；三、受贈與的一方，往往為經濟上弱者的妻，讓妻終局保有受贈財產的全部，也符合兩性平等原則❼，而將夫妻間的贈與解釋為民法第 1030 條第 1 項但書「無償取得的財產」，更符合其文義解釋。

　　A 夫贈與給 B 妻的女用黃金項鍊一條，屬於民法第 1030 條第 1 項但書規定的「無償取得的財產」，因此，該條項鍊不得列入剩餘財產的分配，也由此可知，夫妻間的贈與，是民法第 1030 條之 1 所謂的「無償取得的財產」，不列入剩餘財產分配。

---

❼　郭欽銘，〈我國通常法定夫妻財產制之變革與展望〉，國立政治大學法學博士論文，民國 93 年 7 月，頁 149、150。

第三章
生前特種贈與的歸扣

案例

　　Ａ夫、Ｂ妻有子女Ｃ及Ｄ，在Ａ生前，因Ｃ要出國留學，所以贈與Ｃ新臺幣（下同）三十萬元，Ａ死亡時，留下財產三百萬元，Ｂ、Ｃ及Ｄ等三人應如何繼承Ａ的遺產？如果只有Ｄ因為結婚，而受到Ａ贈與一百八十萬元，Ｂ、Ｃ及Ｄ應該要如何分配遺產？

　　贈與所影響的，還包括與繼承有關的法律關係。依照民法第 1173 條第 1 項規定：「繼承人中有在繼承開始前因結婚、分居或營業，已從被繼承人受有財產之贈與者，應將該贈與價額加入繼承開始時被繼承人所有之財產中，為應繼遺產。但被繼承人於贈與時有反對之意思表示者，不在此限」。被繼承人因為繼承人需要結婚、分家居住、經營事業的動機，而贈與繼承人財產，通常都有「反正我的財產，將來在我死後，是由你們這些繼承人來繼承，身為將來會繼承的你，現在既然有需要，我就把你以後要繼承遺產的部分，先送給你」（應繼分先付）的意思，所以將來被繼承人真的死亡時，這部分的「特種贈與」，要從繼承人的應繼分中扣掉（歸扣）。贈與的動機，雖然不會當然影響到贈與的成立及生效，但是卻會對繼承財產產生影響。例如：甲夫、乙妻有子女丙及丁，在甲生前，因丙要開餐廳營業賺錢，所以贈與丙三十萬元，甲死亡時，留下財產三百萬元，所以在分配遺產時，甲的遺產，應該是三百萬元加上三十萬元，總共是三百三十萬元，這是全部的應繼遺產。依照民法第 1144 條第 1 款規定，乙應與丙及丁平分

遺產，每人法定應繼分數額為一百一十萬元，丙所受到甲的特種贈與三十萬元，應該要從他的應繼分中扣除，因此乙、丁各得一百一十萬元，丙只能再得八十萬元。

民法第 1173 條第 1 項，設定應繼分先付的項目，只限於繼承人的結婚、分居、營業三種，對這三種項目，如果被繼承人沒有明確表示反對歸扣，即使被繼承人實際上沒有應繼分先付的意思，也需要歸扣，而如果不是這三種項目，就一律不是歸扣的對象❶，這是民法為了省去逐案調查被繼承人到底有無應繼分先付意思的麻煩，所做的統一規定。

另外，如果繼承人受到被繼承人的生前特種贈與，超過他應該要繼承的部分，在被繼承人過世時，仍然要把特種贈與的部分，加入被繼承人的遺產總額中，用來計算每個繼承人本來的應繼財產總額，但不需要把超過的部分拿出來交給其他繼承人，只是不再分配遺產而已❷。至於提前分到

---

❶ 最高法院 27 年上字第 3271 號判例：「被繼承人在繼承開始前，因繼承人之結婚、分居或營業，而為財產之贈與，通常無使受贈人特受利益之意思，不過因遇此等事由，就其日後終應繼承之財產預行撥給而已，故除被繼承人於贈與時有反對之意思表示外，應將該贈與價額加入繼承開始時，被繼承人所有之財產中，為應繼財產，若因其他事由，贈與財產於繼承人，則應認其有使受贈人特受利益之意思，不能與因結婚、分居或營業而為贈與者相提並論，民法第 1173 條第 1 項列舉贈與之事由，係限定其適用之範圍，並非例示之規定，於因其他事由所為之贈與，自屬不能適用」。

❷ 最高法院 76 年度臺上字第 1837 號判決：「扣除權之行使，係將扣除義務人在繼承開始前因結婚、分居或營業，從被繼承人受有之贈與財產，算入於被繼承人之遺產總額中，於分割遺產時，由該扣除義務人之應繼分中扣除，倘扣除之結果，扣除義務人所受贈與價額超過其應繼分額時，固不得再受遺產之分配，但亦無庸返還其超過部分之價額」；最高法院 90 年度臺上字第 2460 號判決：「民法第 1173 條第 2 項所謂扣除權之行使，係將扣除義務人在繼承開始前因結婚、分居或營業，已從被繼承人受有之贈與財產，算入被繼承人之遺產總額中，於分割遺產時，由該扣除義務人之應繼分中扣除，倘扣除之結果，扣除義務人所受贈與價額超過其應繼分額時，固不得再受遺產之分配，但亦無庸返還其超過部分之價額；且贈與價額依贈與時之價值計算而言」。

的家產，價值要怎麼樣去計算，是要以被繼承人把財產送給結婚、分居或營業的繼承人，以贈與當時的金額或市價為準（民法第 1173 條第 3 項）。

解析

　　民法第 1173 條第 1 項，設定應繼分先付的項目，只限於繼承人的結婚、分居、營業三種，如果不是這三種項目，就一律不是歸扣的對象。A 生前，因 C 要出國留學（非結婚、分居、營業三種特種贈與之情形），所以贈與 C 的三十萬元，不是應繼分先付，所以 A 死亡時，留下財產三百萬元，遺產總共也是三百萬元，這是全部的應繼遺產，依照民法第 1144 條第 1 款規定，B 應與 C 及 D 平分遺產，每人法定應繼分數額為一百萬元，因此 B、C、D 各得一百萬元。如果只有 D 因為結婚，而受到 A 贈與一百八十萬元，這是 A 生前對 D 的特種贈與，A 死亡時，留下財產三百萬元，加上生前對 D 特種贈與的一百八十萬元，A 的遺產總共是四百八十萬元，這是全部的應繼遺產，依照民法第 1144 條第 1 款規定，B 應與 C 及 D 平分遺產，每人法定應繼分數額為一百六十萬元，D 多拿的二十萬元，不用拿出來，因此 B、C 各得一百五十萬元。

第四章

贈與及扣減

案 例

　　A 的太太過世了，有一個獨子 B。A 在生前看見 B 非常懶惰，覺得自己的財產，如果在身後都留下來給 B，會讓 B 更加懶惰，因此就和 C 孤兒院訂立贈與契約，約定 A 死亡後，要把留下的全部財產新臺幣（下同）二百萬元贈送給 C。後來 A 過世了，B 主張他有特留分，所以依照民法第 1225 條規定，向 C 主張行使扣減權，要 C 給付他一百萬元。請問：B 有沒有理由？

贈與也會影響到繼承關係，說明如下：

第一節　特留分的意義

　　民法第 1225 條規定：「應得特留分之人，如因被繼承人所為之遺贈，致其應得之數不足者，得按其不足之數由遺贈財產扣減之。受遺贈人有數人時，應按其所得遺贈價額比例扣減」。特留分是民法為了保護法定繼承人，特別為法定繼承人保留一定比例的財產，也是法定繼承人最低限度的應繼分，如果喪失繼承權或拋棄繼承，就沒有特留分可言；只要不違反特留分，遺囑人都可以用遺囑自由處分遺產（民法第 1187 條），而特留分的比例，依照民法第 1223 條規定，直系血親卑親屬、父母及配偶，是應繼分的二分之一，兄弟姊妹及祖父母是應繼分的三分之一。如果遺贈侵害到特留分，特留分權利人就可以依照民法第 1225 條行使扣減權❶。

❶ 最高法院 58 年臺上字第 1279 號判例：「民法第 1125 條，僅規定應得特留分之

第二節　贈與是否為扣減的對象

死因贈與和遺贈不同,而遺贈是扣減的對象,因為民法第 1187 條規定:「遺囑人於不違反關於特留分規定之範圍內,得以遺囑自由處分遺產」,則一般生前贈與及死因贈與是否就當然不是扣減的對象?

第一項　一般生前贈與

一般生前贈與,是贈與人在還活著的時候,與受贈人訂立的贈與契約,不是前章所講的特種贈與,也不是贈與人死亡才生效的死因贈與。通說認為,在我國民法並沒有明文規定的情形下,一般生前贈與應該不是扣減的對象❷,實務見解也是這樣認為❸。本書認為,民法第 1225 條規定遺贈是

人,如因被繼承人所為之遺贈,致其應得之數不足者,得按其不足之數由遺贈財產扣減之,並未認侵害特留分之遺贈為無效」;最高法院 78 年度臺上字第 912 號判決:「遺產繼承與特留分扣減,二者性質及效力均不相同。前者為繼承人於繼承開始時,原則上承受被繼承人財產上一切權利義務;繼承人有數人,在分割遺產前,各繼承人對於遺產全部為公同共有。後者則係對遺產有特留分權利之人,因被繼承之遺贈致其應得之數不足,於保全特留分之限度內,對遺贈為扣減。扣減權之行使,須於繼承開始後對受遺贈人為之。且為單方行為,一經表示扣減之意思,即生效力,不發生公同共有問題」;最高法院 81 年度臺上字第 1042 號判決:「被繼承人因遺贈或應繼分之指定超過其所得自由處分財產之範圍,而致特留分權人應得之額不足特留分時,特留分扣減權利人得對扣減義務人行使扣減權,是扣減權在性質上屬於物權之形成權,經扣減權利人對扣減義務人行使扣減權者,於侵害特留分部分,即失其效力。故扣減權利人苟對扣減義務人行使扣減權,扣減之效果即已發生。原審謂扣減權為債權之請求權.扣減權利人對扣減義務人就其請求扣減之標的物,固發生時效中斷之效力。就未經扣減之標的物消滅時效仍繼續進行云云,其法律上見解不無可議」。

❷ 陳棋炎,〈關於吾國民法所規定的特留分之研究〉,《親屬、繼承法基本問題》,著者自版,民國 65 年初版,頁 490;郭欽銘,《親屬繼承案例式》,五南圖書出版,民國 94 年 8 月初版一刷,頁 654、655。

扣減的對象，如果要類推適用到其他事項，尤其是與遺贈有很大不同的贈與，需要有很堅強的理由，但是一般生前贈與，涉及到受贈人已經得到財產的安定性，而且贈與人依照私法自治原則，本來就可以自由處分自己的財產，因此一般生前贈與，應該不是扣減的對象。

第二項　生前特種贈與

有學者採肯定說，認為：被繼承人還活著的時候，依所有權自由原則，可以擅自處分所有物，法律不能加以限制，但被繼承人的生前處分，如果是對共同繼承人，因為結婚、分居、營業的特種贈與，為了謀求共同繼承人間的絕對公平起見，民法繼承編規定可以歸扣（民法第 1173 條），共同繼承人固然有應繼分，也理應有特留分才妥當，特種贈與的歸扣，雖然是謀求共同繼承人間的絕對公平，但是如果特種贈與歸扣的結果，不能達到絕對公平的目的，使得共同繼承人不能獲得他的特留分，這時，理應准許特留分被侵害的共同繼承人，可向受到特種贈與的繼承人行使扣減權（民法第 1225 條），以使特留分被侵害的繼承人，能獲得最低限度的保障，並且達到共同繼承人間相對公平的目的，才算正常合理，也才能符合法定繼承之原理、原則❹。

---

❸　司法院 25 年院字第 1578 號解釋：「生前贈與，並無特留分之規定，自不受此限制」；司法院 31 年院字第 2364 號解釋：「民法僅於第 1225 條規定應得特留分之人，如因被繼承人所為之遺贈，致其應得之數不足者，得按其不足之數由遺贈財產扣減之，並未如他國立法例，認其有於保全特留分必要限度內，扣減被繼承人所為贈與之權，解釋上自無從認其有此權利。院字第 743 號解釋，未便予以變更」；最高法院 25 年上字第 660 號判例：「民法第 1225 條僅規定應得特留分之人，如因被繼承人所為之遺贈，致其應得之數不足者，得按其不足之數由遺贈財產扣減之，並未認特留分權利人有扣減被繼承人生前所為贈與之權。是被繼承人生前所為之贈與，不受關於特留分規定之限制，毫無疑義」；最高法院 48 年臺上字第 371 號判例：「被繼承人生前所為之贈與行為，與民法第 1187 條所定之遺囑處分財產行為有別，即可不受關於特留分規定之限制」。

❹　陳棋炎，〈特種贈與可否為扣減標的？——身分法研究會第四次研討會記錄

　　實務上，司法院 21 年院字第 743 號解釋認為：「關於特留分，民法繼承編又僅明定遺囑人以遺囑自由處分遺產時，應不違反特留分規定之範圍，及被繼承人所為之遺贈，致應得特留分人應得之數不足者，得按其不足之數，由遺贈財產扣減（參照第 1187 條、1225 條），可見特留分之規定，僅係限制遺囑人處分其死後之遺產，若當事人處分其生前之財產，自應尊重當事人本人之意思。故關於當事人生前贈與其繼承人之財產，其贈與原因若非第 1173 條所列舉者，固不得算入應繼財產中，即其為第 1173 條所列舉之原因，如贈與人明示有不得算入應繼財產之意思表示，自應適用第 1173 條但書之規定，而不得於法定之外，曲解特留分規定，復加何項限制」，是採否定說。本書也認為，生前特種贈與，涉及受贈與人已經受到贈與的信賴利益及既得權的保護，依照法律安定性的原則，如果不是法律有明文規定可以受到扣減，不宜用造法的方式，把特種贈與列入民法第 1225 條扣減的範圍。

第三項　死因贈與

　　不贊成死因贈與是扣減對象的學者，認為死因贈與在贈與人死亡時發生效力，就這點而言，是與遺贈相同，但是死因贈與仍然是生前行為，與一般贈與同樣沒有扣減的明文規定，所以不受扣減❺。但是通說認為，死因贈與是生前行為，固然和遺贈不一樣，但是就贈與人死亡時發生效力的觀點而言，是和遺贈一樣，所以是扣減的對象❻。較為深入的見解，進一步認為：就實質而言，死因贈與及遺贈，都是無償給予財產之行為，而且原則上在被繼承人死亡時發生效力，也因此，將死因贈與類推適用民法第 1187 條，似無不可❼。本書也認為，死因贈與，與遺贈一樣，在被繼承人

　　——〉，《臺大法學論叢》，第 20 卷第 2 期，頁 302–304。

❺　胡長清，《中國民法繼承論》，臺灣商務印書館，民國 66 年 5 月臺四版，頁 256。

❻　陳棋炎、黃宗樂、郭振恭，《民法繼承新論》，三民書局，民國 82 年 3 月三版，頁 485；戴炎輝、戴東雄，《中國繼承法》，著者自版，民國 75 年 3 月修訂版一版，頁 320。

死亡時生效，如果同樣侵害特留分，兩者間既然有同樣的法律理由，則死因贈與應該類推適用關於遺贈的規定，而成為扣減的對象，比較妥當，且死因贈與是在被繼承人死亡時，才發生效力，如果受到扣減，比較不會有信賴利益保障、既得權或法律安定性的疑義。

解析

A 和 C 訂立贈與契約，約定 A 死亡後，要把留下的全部財產二百萬元贈送給 C，這是 A 死亡才發生效力的死因贈與契約。A 的太太過世了，僅剩獨子 B，所以 A 死亡後，B 是唯一的繼承人，B 的法定應繼分是遺產的全部。而死因贈與，與遺贈一樣，是在被繼承人死亡時生效，如果侵害特留分，兩者間既然有同樣的法律理由，則死因贈與應類推適用關於遺贈的規定，而成為扣減的對象，比較妥當，所以 B 可以主張他依照民法第 1223 條第 1 款規定，有特留分，也就是他應繼財產的一半一百萬元，因為 A 把

---

❼ 林秀雄，〈論特留分扣減權〉，《家族法論集（三）》，漢興書局，民國 83 年 10 月，頁 306。最高法院 87 年度臺上字第 648 號判決：「應得特留分之人，如因被繼承人所為之遺贈，致其應得之數不足者，得按其不足之數由遺贈財產扣減之，又遺囑所定之遺贈，除於遺囑附有停止條件者，自條件成就時，發生效力外，自遺囑人死亡時發生效力，民法第 1225 條前段、第 1200 條及第 1199 條分別定有明文。原審既認定前揭鬮分書之約定，為曾○祥、曾○員妹與曾○生、曾○朋間之死因贈與契約。而死因贈與，除係以契約之方式為之，與遺贈係以遺囑之方式為之者有所不同外，就係於贈與人生前所為，但於贈與人死亡時始發生效力言之，實與遺贈無異，同為死後處分，其贈與之標的物，於贈與人生前均尚未給付。查民法繼承編對死因贈與既未設有任何規定，自於上揭有關特留分扣減之規定中，亦未對死因贈與應否為特留分之扣減設有規定。至民法不以同法第 406 條以下所定之贈與為特留分扣減之對象，考其緣由，應為尊重此種生前已發生效力之贈與，其受贈人之既得權益，及避免法律關係之複雜化。（本院 25 年臺上字第 660 號判例所指之『被繼承人生前所為贈與』，當係指此種贈與而言）。而死因贈與及遺贈，均不發生此類問題。準此，能否謂死因贈與，無上述就遺贈所設特留分扣減規定之類推適用，自滋疑義」。

所有的二百萬元通通送給 C 而受到侵害，B 可以依照民法第 1225 條的規定向 C 請求給付一百萬元，如此解釋亦較符合人情義理及家庭倫常秩序。

案 例 一

> 甲贈與 A 地予乙，甲、乙成立口頭的贈與契約，後來甲反悔不願意將 A 地移轉登記給乙，乙即向法院起訴請求甲履行贈與契約的義務，乙的請求是否有理由？

解析

㈠民國 89 年刪除民法第 407 條後，雖然增訂民法第 166 條之 1，規定所有的不動產的債權契約，包括贈與契約在內，在不動產移轉登記之前，都必須要經過公證，使贈與人能夠有機會充分冷靜考慮，是否要把價值通常比動產來得高的不動產贈與給他人，但刪除民法第 407 條的同時，也增訂民法債編施行法第 36 條的規定，「民法本施行法自民法債編施行之日施行（第 1 項）。民法債編修正條文及本施行法修正條文自中華民國 89 年 5 月 5 日施行。但民法第 166 條之 1 施行日期，由行政院會同司法院另定之。」行政院至今未會同司法院定民法第 166 條之 1 的施行日期，所以民法第 166 條之 1 到目前為止尚未施行，因此目前要贈與不動產給他人，贈與人與受贈人只要有口頭約定，就可以成立不動產贈與契約，贈與人因此就有移轉登記不動產給受贈人的義務。

㈡甲與乙既然口頭成立贈與契約，約定甲應無償移轉 A 地的所有權給乙，甲也沒有依民法第 408 條第 1 項前段規定任意撤銷該贈與契約，法院即應判乙勝訴，甲因此有義務把 A 地移轉登記給乙。

案例二

　　甲贈與 A 車給乙，並將贈與契約公證，乙駕駛該車，因煞車失靈受傷，支出醫藥費新臺幣（以下同）三十萬元，得否向甲請求賠償？如甲曾保證 A 車沒有任何問題，將之贈與給乙，結論是否會有不同？

　　甲贈與 A 車給乙有物之瑕疵，瑕疵的結果，造成乙固有財產的醫藥費損失，依照民法第 411 條但書：「但贈與人故意不告知其瑕疵或保證其無瑕疵者，對於受贈人因瑕疵所生之損害，負賠償之義務。」的規定，甲是否要賠償乙醫藥費，要看甲是否有故意不告知乙關於 A 車有瑕疵的這件事，或保證 A 車沒有瑕疵，甲既然保證 A 車沒有問題，乙即可依民法第 411 條但書規定向甲請求賠償醫藥費三十萬元。如甲並非故意不告知乙瑕疵，或沒有保證 A 車沒有瑕疵，就不需賠償乙。

案例三

　　甲贈與 A 車給乙，並將贈與契約公證，甲並沒有向乙保證 A 車沒有瑕疵，但沒有誠實告知乙「A 車上有設定丙的動產擔保權利」這件事。乙取得 A 車後，是否可以要求甲負瑕疵擔保責任除去丙的動產擔保？

　　民法第 411 條規定：「贈與之物或權利如有瑕疵，贈與人不負擔保責任。但贈與人故意不告知其瑕疵或保證其無瑕疵者，對於受贈人因瑕疵所生之

損害，負賠償之義務。」贈與人原則上不用對受贈人負任何損害賠償責任，因為贈與本身是無償的，贈與人贈與受贈人財產，原則上並沒有拿到什麼好處，法律也就不苛責贈與人，不會讓贈與人負擔太大的責任，這是贈與的無償契約性質和有償契約最大不同的地方。即使贈與人有保證，或是故意把有瑕疵的贈與財產交給受贈人，如果受贈人不是固有財產的損害，而是贈與財產本身有瑕疵，贈與人也不用負責。因此，甲將 A 車贈與乙，A 車雖然因有丙的動產擔保，而有權利瑕疵，但乙並非固有財產受到損害，故乙不得要求甲負瑕疵擔保責任除去丙的動產擔保。

案例 四

　　甲與乙約定甲將 A 車贈與乙，並且將贈與契約公證，A 車專門用來施作山地工程，產量有限，非常珍貴。因甲與乙約定民國 97 年 1 月 1 日交付 A 車，乙乃承包某政府單位的工程。然而因甲抽象輕過失，沒有把車上鎖，導致 A 車遭人擄車勒贖，等到甲付出贖金取回 A 車，已經是民國 97 年 3 月 1 日。此時乙要求甲交付 A 車，甲是否可以拒絕？因甲遲延交付 A 車，導致乙工程延誤，被承攬人的政府單位扣了履約保證金新臺幣（以下同）三十萬元，可否要求甲賠償？

解析

　　甲與乙訂立贈與契約，約定甲將 A 車贈與給乙，贈與契約經過公證，屬於民法第 408 條第 2 項所定的贈與，依民法第 409 條第 1 項前段的規定，即使贈與人有給付遲延的情形，不管這個遲延是不是可以歸責於贈與人，也不管贈與人對於給付遲延是否有故意還是有重大的過失，即不論贈與人的過失程度，受贈人都可以向贈與人請求原來約定的給付，也就是交付贈與物，因此甲取回 A 車時，雖然已經過了約定交付的民國 97 年 1 月 1 日，

仍然有義務要將 A 車移轉交付給乙。雖然有少數學說認為應類推適用民法第 410 條的規定，在贈與人沒有故意或重大過失時，即不用負民法第 409 條第 1 項前段交付贈與物的責任，本書並不採納，因贈與人不得因自己的過失而免除交付贈與財產給受贈人的義務。再者，因乙受甲贈與 A 車是無償的，依民法第 409 條第 2 項的規定，乙不可向贈與人甲請求不履行的損害賠償，所以乙不得向甲請求被扣的三十萬元履約保證金。

 案例 五

> 甲看見他的親戚乙繼承乙父新臺幣（以下同）三千萬元債務，無力償還，乃贈與乙 A 地，希望能稍解乙燃眉之急，並將贈與契約公證，然在甲將 A 地辦理移轉登記給乙前，A 地被政府徵收，並發放徵收補償金一千萬元。誰有權領取這筆徵收補償金？如甲已領取，乙是否可向甲要求給付這一千萬元？

 解析

甲與乙成立贈與契約，約定甲將 A 地贈與給乙，但在移轉登記 A 地前，甲仍為 A 地所有權人，所以徵收補償金應由甲領取。又甲將 A 地贈與乙，贈與契約經過公證，也是履行道德上的義務，但 A 地因遭政府徵收，不是因為甲故意或重大過失，以致給付不能，依民法第 409 條第 1 項後段及第 410 條規定，受贈人不得請求甲賠償贈與物 A 地的價額。然而民法第 225 條第 2 項規定：「債務人因前項給付不能之事由，對第三人有損害賠償請求權者，債權人得向債務人請求讓與其損害賠償請求權，或交付其所受領之賠償物。」應可類推適用，這樣解釋，對甲不會不公平，因為甲本來就要把 A 地送給乙，如果甲早點把 A 地移轉登記給乙，就是由乙領取徵收補償費，符合甲救濟貧苦親戚的心意，而且民法第 410 條規定贈與人有故意或重大過失，才需給付受贈人贈與物的價額，是不要讓只有輕過失的贈與人，在

喪失贈與標的物的同時，又拿出自己的固有財產贈與給受贈人，形成雙重損失，但徵收補償費是政府發放，贈與人將其交付給乙，不會有雙重損失的情形。最高法院 90 年度臺上字第 1570 號判決：「贈與土地在未辦妥所有權移轉登記前，經政府依法徵收，係因不可歸責於贈與人之事由，致給付不能，贈與人固可免給付義務；惟受贈人對於贈與人因贈與土地被徵收而獲配之其他土地，仍可類推適用民法第 225 條第 2 項規定行使代償請求權，請求贈與人給付。此際，贈與人如將該獲配土地出賣他人，致給付不能，受贈人自得依修正前民法第 409 條規定，請求交付其價金。」也是採取同樣見解。

參考文獻

一、書籍

1. 王澤鑑，〈純獲法律上之利益〉，《民法學說與判例研究》，自版，民國 75 年 2 月再版。

2. 王澤鑑，〈不動產贈與契約特別生效要件之補正義務〉，《民法學說與判例研究㈠》，自版，民國 75 年 9 月。

3. 王澤鑑，〈物之瑕疵擔保責任、不完全給付與同時履行抗辯權〉，《民法學說與判例研究㈥》，自版，民國 78 年。

4. 王澤鑑，《民法總則》，自版，民國 86 年 3 月。

5. 王澤鑑，《法律思維與民法實例》，自版，民國 88 年 10 月三刷。

6. 王澤鑑，《民法概要》，自版，民國 91 年 8 月。

7. 史尚寬，《民法總則》，自版，民國 79 年 8 月。

8. 林秀雄，〈論特留分扣減權〉，《家族法論集㈢》，漢興書局，民國 83 年 10 月。

9. 林誠二，《民法債編各論（上）》，瑞興書局，民國 92 年 7 月修訂二版。

10. 施啟揚，《民法總則》，自版，民國 73 年 6 月二版。

11. 施啟揚，《民法總則》，自版，民國 76 年 4 月。

12. 孫森焱，《民法債編總論》，自版，民國 86 年 8 月。

13. 孫森焱，《民法債編總論》，自版，民國 88 年 10 月修訂版。

14. 胡長清，《中國民法繼承論》，臺灣商務印書館，民國 66 年 5 月臺四版。

15. 黃立，《民法債編總論》，元照出版，民國 89 年 9 月二版二刷。

16. 邱聰智，《新訂債法各論》，元照出版，民國 91 年 10 月初版一刷。

17. 詹森林、馮震宇、陳榮傳、林秀雄，《民法概要》，五南圖書，民國 93 年

5 月。

18. 郭欽銘，《親屬繼承案例式》，五南圖書，民國 94 年 8 月初版一刷。

19. 陳計男，《民事訴訟法論》上冊，三民書局，民國 88 年 11 月再版。

20. 陳棋炎，《關於吾國民法所規定的特留分之研究，親屬、繼承法基本問題》，自版，民國 65 年初版。

21. 陳棋炎，〈夫妻法定財產制下之妻特有財產及原有財產〉，《親屬‧繼承法判例判決之研究》，自版，民國 69 年。

22. 陳棋炎、黃宗樂、郭振恭，《民法繼承新論》，三民書局，民國 82 年 3 月三版。

23. 陳棋炎、黃宗樂、郭振恭，《民法繼承新論》，三民書局，民國 86 年 2 月四版。

24. 戴炎輝、戴東雄，《中國繼承法》，自版，民國 75 年 3 月修訂版一版。

25. 戴炎輝、戴東雄，《中國繼承法》，自版，民國 87 年 3 月。

26. 戴炎輝、戴東雄，《親屬法》，自版，民國 91 年 8 月。

27. 謝銘洋，〈贈與〉，《民法債編各論（上）》，元照出版，民國 95 年 2 月初版四刷。

28. 鄭玉波，《民法債編各論》，自版，民國 71 年 10 月。

29. 鄭玉波，《民法債編各論（上）》，自版，民國 84 年。

二、論文及期刊

1. 林秀雄，〈死因贈與之撤回〉，《月旦法學雜誌》，第 16 期，民國 85 年 9 月。

2. 林秀雄，〈夫妻間之贈與〉，《臺灣本土法學雜誌》，民國 91 年 3 月。

3. 陳棋炎，〈特種贈與可否為扣減標的？——身分法研究會第四次研討會記錄——〉，《臺大法學論叢》，第 20 卷第 2 期。

4. 郭欽銘，〈我國通常法定夫妻財產制之變革與展望〉，國立政治大學法學博士論文，民國 93 年 7 月。

5. 黃立，〈民法第 166 條之 1 的法律行為形式問題〉，《月旦法學雜誌》，第

54 期，民國 88 年 11 月。

6. 黃立，〈民法第 166 條之 1 的法律行為形式問題——民法研究會第 15 次學術會議〉，《法學叢刊》，第 45 卷第 1 期（第 177 期），民國 89 年 1 月。

7. 黃茂榮，〈民法債編修正要旨學術研討會〉，《全國律師》，民國 88 年 7 月號。

8. 黃茂榮，〈法律行為與契約之締結〉，《植根雜誌》，第 17 卷第 1 期，民國 90 年 1 月。

9. 詹森林，〈贈與之給付不能〉，《月旦法學雜誌》，第 55 期，民國 88 年 11 月。

10. 廖家宏，〈債務不履行與物之瑕疵擔保責任於贈與契約法規範之闡釋——債編修正之檢討〉，《植根雜誌》，第 16 卷第 2 期，民國 89 年 2 月。

11. 蔡晶瑩，〈贈與——純獲法律上利益?〉，《法學講座》，第 29 期，神州圖書，民國 93 年 9 月。

12. 戴東雄，〈民法第一○三○條之一剩餘財產之分配，民法親屬編修正後之法律疑問〉，《法學叢刊》，第 35 卷第 1 期，民國 79 年 1 月。

三、解釋及判例

1. 司法院 25 年院字第 1578 號解釋

2. 司法院 26 年院字第 1628 號解釋

3. 司法院 30 年院字第 2209 號解釋

4. 司法院 31 年院字第 2364 號解釋

5. 司法院 35 年院解字第 3120 號解釋

6. 最高法院 18 年上字第 1207 號判例

7. 最高法院 19 年上字第 46 號判例

8. 最高法院 22 年上字第 1855 號判例

9. 最高法院 25 年上字第 660 號判例

10. 最高法院 27 年上字第 3271 號判例

11. 最高法院 28 年上字第 1282 號判例

12. 最高法院 32 年上字第 1098 號判例

13. 最高法院 32 年上字第 2575 號判例

14. 最高法院 33 年上字第 1723 號判例

15. 最高法院 33 年上字第 6127 號判例

16. 最高法院 41 年臺上字第 4 號判例

17. 最高法院 46 年臺上字第 236 號判例

18. 最高法院 47 年臺上字第 1469 號判例

19. 最高法院 48 年臺上字第 371 號判例

20. 最高法院 54 年臺上字第 952 號判例

21. 最高法院 58 年臺上字第 715 號判例

22. 最高法院 58 年臺上字第 1279 號判例

23. 最高法院 70 年臺上字第 3100 號判例

生活法律漫談系列
是您最方便實惠的法律顧問

網路生活與法律　吳尚昆　著

　　在漫遊網路時，您是不是常對法律問題感到困惑？例如網路上隱私、個人資料的保護、散播網路病毒、網路援交的刑事規範、網路上著作權如何規定、網路交易與電子商務等等諸多可能的問題，本書以一則則案例故事引導出各個爭點，並用淺顯易懂的文字作解析，破解這些法律難題。而除提供網路生活中的法律資訊，作為保護相關權益的指南外，作者更一再強調法律不應成為科技進步與維護公共利益的阻礙，希望能進一步啟發讀者對於網路生活與法律的相關思考。

智慧財產權生活錦囊　沈明欣　著

　　作者以通俗易懂的文筆，化解生澀的法律敘述，讓你輕鬆解決生活常見的法律問題。看完本書後，就能輕易一窺智慧財產權法之奧秘。本書另檢附商業交易中常見的各式智慧財產權契約範例，包含智慧財產權的讓與契約、授權契約及和解契約書，讓讀者有實際範例可供參考運用。更以專文討論在面臨智慧財產權官司時，原告或被告應注意之事項，如此將有利當事人於具體案例中作出最明智之抉擇。

和國家打官司 —— 教戰手冊　王泓鑫　著

　　如果國家的作為侵害了人民，該怎麼辦？當代的憲政國家設有法院，讓人民的權利在受到國家侵害時，也可以和「國家」打官司，以便獲得補償、救濟、平反的機會。但你知道怎麼和國家打官司嗎？本書作者以深入淺出的方式，教你如何保障自己的權益，打一場漂亮的官司。